吉田謙吉が撮った

1934年満洲／1939年南支・朝鮮南部

戦前の東アジア

塩澤珠江 =著

松重充浩 =監修

草思社

吉田謙吉とライカ（1939年）

83年の眠りから覚めた写真たち

塩澤珠江（「吉田謙吉・資料編纂室」代表　吉田謙吉長女）

　この一連の写真は撮影目的、年月日などの記録が見つからないまま、長い間我が家に眠っていた。

　2017年、謙吉が戦前に仕事場として借りていた銀座奥野ビル（銀座アパート）のギャラリー二室で「多面体・吉田謙吉 生誕120年」という小さな展覧会を開いた。一室では全装幀を展示するため、手持ちの書籍以外にもあるのでは？とネット検索中に「CAMERA―満洲国風俗ライカ撮影雑記―吉田謙吉」（1934年11月1日号）を発見、写真16枚と文章が掲載されていた。その16枚を含め、321枚の満洲の写真が83年の眠りから覚めた瞬間だった。その後、華南は『南支風土記』（1940年、大東出版社）の取材と判明。1942年生まれの私の名は、同書に登場する大河・珠江からつけられた。朝鮮南部は、映画『奥村五百子』のロケハン写真だった。

　謙吉は1924年創立の日本で初めての本格的な新劇専門劇団「築地小劇場」で舞台装置家としてそのキャリアをスタートしたが、『新しき土』『海軍』など13本の映画美術にも携わっている。風俗採集は1923年の関東大震災直後から今和次郎とともに始め、それが「バラック装飾社」へ、そして「考現学」に発展した。1930年、今がベルリンでライカを購入したのに刺激され、新しもの好きだった謙吉も購入。ライカがまだ珍しかった時代である。謙吉の撮影に対する姿勢は次の一文で知ることができる。

　「お祭り風俗を撮らぬ理由」　僕のライカ撮影はその目的の大半が現代風俗の採集にある。所で、凡そお祭りというお祭りは、風俗状の特色を備えていればいるほど面白い見物に違いない。だから、僕の、その

謙吉は1934年夏に特派員記者と
して大陸へ渡った。当地で撮影
した密着サイズの写真を台紙に
貼って、整理したと思われる。
表紙は謙吉のレタリング。

満洲ハルビンの公園で撮った光
景。この状態で、撮影順に場所
ごとに整理されている。

　風俗採集の密着整理帳にも、お祭りに関する数十枚が収録されていそうな
ものなのだが、本当に数える程しかないのである。しかし、それには一応
の理由があるのである。もちろん風俗という変転極まりなき撮影対象に対
しては、しょっちゅう客観的態度第一で、凡そ風俗現象である限り、撮り
たくないものという場合を許さないことにしている。カメラは我儘（わがまま）を云わ
せない事にしている。いや、それならなお事、お祭り風俗もありそうな
ものなのにという事になるのだが……。だが、お祭りというものは、ふだ
んと異なった風俗現象という所に特色があるので、つまり、風俗現象とし
ては特種の場合だ。そこでだ、僕の風俗撮影は、そのポイントを出来るだ
けふだんのありのままの生活状態に置いている。広義の風俗という現象を
撮影記録としたい為には特殊の場合より、まず普通の場合をきわめる事に
汲々としなければならない。―後略―（「アサヒカメラ」1935年10月号）

　謙吉愛用のライカは、内モンゴル・張家口滞在中に敗戦となり、列車で他
の邦人たちと天津まで脱出する時に紛失したと思われる。

吉田謙吉が撮った
戦前の東アジア

目次

満洲写真が貼られた台紙

1章
1934年夏
満洲篇　17

2章
1939年春
南支篇　89

北満鉄路の車窓（p50-51）

紙風船に興じる海軍航空兵たち（p115）

吉田謙吉のスケッチ

京城の通学路

3 章
1939年夏
朝鮮南部篇　125

本書について

写真

本書は吉田謙吉（1897-1982）が、戦前の東アジア各地を訪れて撮影し、整理した966枚の写真を、今回あらためて編集したものである。なお遺された写真にはネガはなく、すべて密着版（約3.8×2.5cm程度）であり、一部画質に難があるものもある（可能なかぎり、補正・修正を施した）。

掲載図版点数

吉田謙吉撮影の掲載写真数およびスケッチ画
写真191点（写真台紙を除く）
スケッチ画11点

表記

中国・朝鮮の地名は「漢字」と「カタカナ」で表した。
漢字のふりがなは現地音に近い読み方をカタカナで記した。ただし、日本語発音が慣用となっている場合は適宜、ひらがなで記した。

吉田謙吉の文章

吉田謙吉が発表した文章の一部を［謙吉ノート］として紹介した。解説文でも引用したが、いずれも抜粋である。その際、旧仮名遣い・漢字は適宜、現代の使用法にあらためている。なお、引用文中に現在使用されていない用語もあるが、史料用語としてそのまま掲載した。掲載された定期刊行物、単行本および記事タイトルは次のとおり。

「経済知識」10月号　「満洲国特派記者大視察記　満洲国の風俗を視る」
　　吉田謙吉　（昭和9年10月1日発行　経済知識社）
「CAMERA」2月号　「満洲国風俗ライカ撮影雑記」
　　吉田謙吉　（昭和26年2月1日発行　株式会社アルス）
『南支風土記』　吉田謙吉　（昭和15年5月5日発行　大東出版社）

「満洲支那全土明細地図　廣東付近」(部分)　1938年11月15日　読売新聞社発行　製図彫刻社 アトラス社

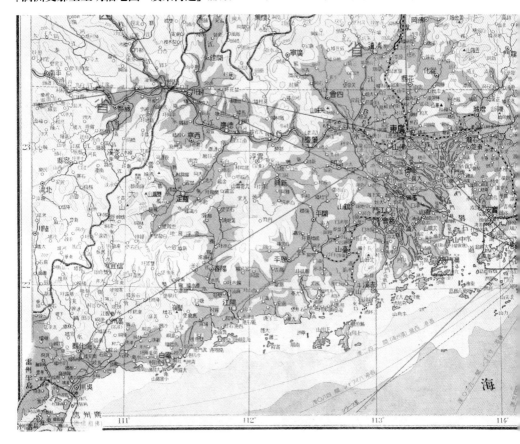

地図右端(東)に香港・澳門(マカオ)、左端(西)に雷州半島が位置する。雷州半島の南方沖に海南島があるが、地図範囲外のため、別枠で掲載されている(縮尺率は異なる)。戦前・戦中の日本で呼称された「南支」「南支那」が指す地域は時代や使用者により異なるが、上述都市や地方も含む広東・福建・広西・貴州・雲南省の領域を指すことが多い。香港と澳門の間に注ぐのは珠江。

海口は、海南島地図上において島北部の「瓊州」(旧瓊州府 [1914年廃止]が置かれた地)と記載されたすぐ南下の◎に位置する。海口は瓊山県に属していたが、1926年末に海口市として独立市化した。また三亜は、海南島地図上において南端部の楡林港とある記載のやや北東部に地名が確認できる。(2章 南支篇)

「大奉天案内地図」（部分） 1934年9月24日　奉天広告社発行　山本良輝

満洲における主要都市の一つだった奉天（現瀋陽）は、清の前身である後金の都であったことから、「満洲の古都」と称されていた。奉天駅前の広場から、5つの大通りが放射状に伸びている。駅前の地域は「満鉄附属地」で、満鉄地方事務所、満電会社などの建物がある。その先に「商埠地（しょうふち）」と「城内」が市街を形成していた。（1章 満洲編—奉天）

「観光の哈爾濱」(部分)　1937年6月25日　哈爾濱観光協会発行
絵図・金子常光　日本名所図会社　小山吉三

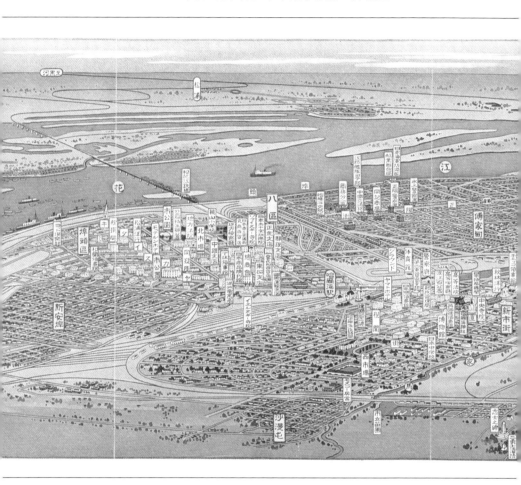

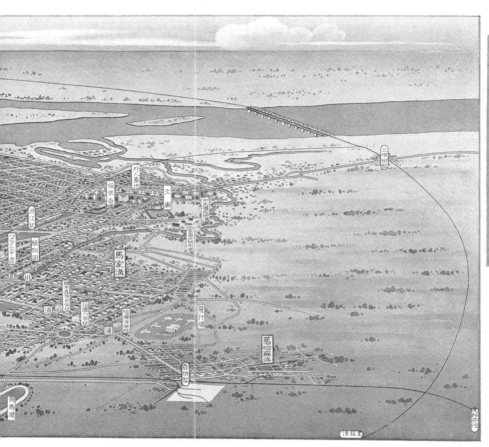

松花江（スンガリ）河畔の小さな漁村だった地に、ロシアが鉄道建設の拠点とした都市が、哈爾濱（ハルビン）の始まり。近代列強による植民地都市形成の典型の一つだが、満洲では嚆矢となるものだった。市街は、哈爾濱駅を挟んで南側の官庁や公的施設が並ぶ「新市街」、北側の商業地区「埠頭区」と、中国人が多く住む「傅家甸（フージャデン）」の3つに大別された。（1章 満洲編—哈爾濱）

13

「新京 國都建設計畫圖」(部分)　1937年　満洲國國務院國都建設局発行

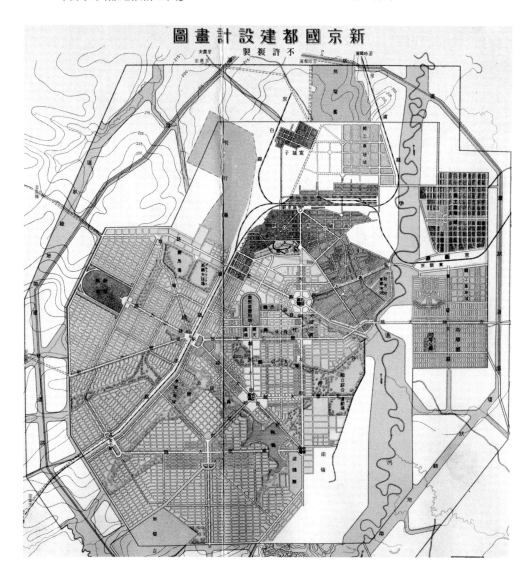

1932年、関東軍主導で建国が進められた満洲国では、それまでの長春を新京と改称し、首都に定めた。長春は中規模都市だったため、買収が大都市に比べて容易だったことも選択の理由と言える。新国家の首都に相応しい都市計画が立案され、膨大な国家予算が投入された。国都建設計画事業は二期（32〜37年・38〜41年）にわたって実施された。（1章 満洲篇-新京）

「撫順市街地図」（部分）　1932年7月調査　月刊満洲社発行

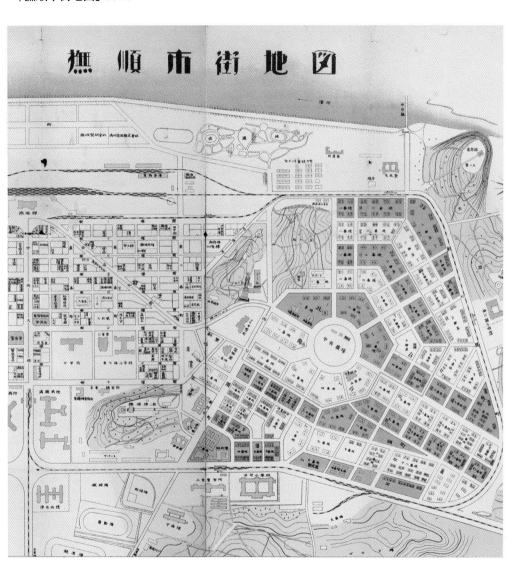

奉天の東に位置する撫順では、1901年、中国人によって炭鉱が開発。のちに採掘権はロシアに移り、07年には満鉄の直営となった。地図上部の川は渾河（こんが）で、遼河の支流である。地図中には、「満鉄病院」「炭礦ホテル」の施設名がある。なお本文83ページに、東公園（上地図右端「東公園小学校」辺り）から見た渾河の写真がある。（1章 満洲篇―撫順）

地図名にあるように、全体は日本国（併合下の朝鮮、租借地の関東州などを含む）・満洲国・ソ連・
中華民国の交通網と国境を示したもので、外国内の行政区分や、多分に恣意性を持った地域区分も
書き込まれている。上図はその全体から朝鮮半島及び満洲南部を切り取ったもので、満洲国内に奉
天・撫順の都市名を確認することができる（その北の新京、さらに北のハルビンは範囲外）。
吉田謙吉は、船で釜山に着き、大邱・大田・京城などを訪れた。（1章 満洲篇、3章 朝鮮南部篇）

1章

1934年 夏

満洲篇

解説・松重充浩

* 「満洲」は、戦前・戦中期の日本人により使用された、概ね現在の中国東北地域（遼寧省、吉林省、黒竜江省、内モンゴル自治区の東部）と重なる地域を指す呼称。（編集部・記）。

吉田謙吉は雑誌の視察記者として1934年（昭和9）8月、大阪から日満連絡船・扶桑丸に乗り、満洲へ向かった。

満洲国・1934年

　　新興満洲国は日本の生命線であります。誠に満洲国の利害は
　即日本の利害であります。その満洲国が我国との提携によつ
　て、嘗て世界の歴史上に見ない急テンポの発展過程を辿りつ〻
　ある光景は、世界の平和と東洋の興隆を念ずる我等の欣快に堪
　えない処であります。(「経済知識」1934年6月号)

　吉田謙吉を視察記者として満洲国へと送り出した経済知識社が、
その「視察記者募集広告」で掲げたこの一文は、当時の多くの日本
人が持った満洲国に対する高揚感と明るい展望を端的に示すもの
だった。

　事実、1932年(昭和7)になると、昭和恐慌で呻吟していた日本経
済は、金輸出再禁止と満洲事変費を中心とする政府支出の増大を契
機に好況に転じていた。また、同年3月に建国された満洲国にあっ
ても、新国家建設に伴う新たな諸官庁や各種インフラの整備・建設
に向けての多額の公共投資が行われ、そこに群がるように多くの日
本人が満洲国を目指すこととなっていた。更に、33年になると、5
月末に日中間で塘沽停戦協定が締結され、満洲事変以来の日中間の
戦闘状態に一応のピリオドが打たれると共に、日本側の厳しい治安
工作により満洲国や日本への武装抵抗運動も後退し、現地の公安治
安秩序も相対的に安定化の様相を見せ始めていた。そして、満洲国
は、34年3月に溥儀を皇帝とする満洲帝国となっていた。

　1934年の夏に吉田謙吉が視察に訪れた満洲国は、日本人の熱い期
待と建設ラッシュに沸く(冬期に大半が凍土となる満洲国において
土木建設の繁忙期は夏期)様相を呈する大地だったのである。

船上のアイスクリーム

扶桑丸（8196トン）は、1923年に大阪商船がデンマークのイーストアジアチック汽船会社のLatvia号を購入し改名した大型客船。神戸－基隆線（台湾）での就航を経て、34年3月から大阪－大連線に配船されていた。44年米潜水艦の雷撃により沈没。

和装と洋装

デッキでの様々な服装は、満洲国に移り住んだ日本人が、老若男女、様々な職業や階層の人々だったことを象徴するものともなっている。

鎌倉ノート　　　　　　　　日満連絡船

　八月七日正午神戸解纜＊の日満連絡船扶桑丸。見廻す甲板に、何と子供連れの多い事であろう。殊に女の子が多い。船客は内地人が絶対多数だが、瀬戸内海へと進航した頃には、婦人客なども大抵浴衣がけとなっている。島田髷に浴衣。タオルの紐を結びたるなどもあり。三等船客は浴衣よりアッパッパが多い。（「経済知識」）

　　　　　　　　　　　　　　＊解纜　出航（編集部・記）

19

古都・奉天

奉天は、清の前身である後金で1625年に都となり盛京と呼ばれ、後金が清と改名し、北京へ遷都してからは、その留都・陪都＊となり、満洲の政治的中核都市として栄えた。奉天が満洲の古都と称される所以でもある。1907年に奉天省が成立すると省都となり、満洲国成立まで、引き続き満洲における政治的中核都市として発展し、満洲屈指の人口規模を持つ都市となっていた（1934年9月段階で、約41万人）。

しかし、満洲国の首都が新京（長春）に置かれることとなり、その政治的中核都市としての機能は縮小し、改めて「工業都市」としての発展を指向することとなっていた。

奉天市街地は、満鉄附属地・商埠地・城内の三地域からなっていた。附属地が日本側主導による近代的都市形成が進められたことに対して、商埠地や城内では、その歴史的連続性を色濃く反映した、特色ある都市の近代化が進むこととなっていた。そして、「あるが儘の満洲国風俗を視て来たかつた」吉田謙吉のカメラも、その特色を追いかけることとなる。

＊留都・陪都　国都に準じる都、皇帝が留守扱いとなっている都のこと。

奉天駅頭の赤帽

駅頭に降り立って見渡す風俗は、さすがに満洲国に来たという感が深い。まず駅の搬荷夫（赤帽）風俗だが、普通の支那服の上にチャンチャンコ様の腰までの袖なしを羽織って赤帽（内地と同じ）を冠ればそれでよいという頗る簡単なものだが、その袖なしが極めて特色がある。紺綿地に二寸ほどの赤縁を取り、背中には白地で番号を縫い付けてある。締めている太い帯は荷物をかつぐに用いられる。（「経済知識」）

睨視する赤帽
<small>げい し</small>

奉天駅に限らず、主要な駅や港における利用者の混雑ぶりはもちろ
んのこと、中国人による搬荷や人力車、あるいは宿泊所への客引き
の激しさは、満洲の「名物」と目されるものだった。
このような混雑さや激しさは、満洲国の繁栄ぶりを示すものでも
あったが、度を超せば円滑な交通の阻害要因、さらには公安秩序の
混乱へと転化しかねないものでもあった。
ここに現地の公権力は、営業許認可権を通じて搬荷人や車夫たちを
管理・監督することとなる。写真のチョッキの背番号は、満洲国公
権力による末端統治の一端を示すものとなっている。だが、この写
真の構図は、あたかも赤帽が駅を睨視する（満洲国を統治する）主
体であるかのような錯覚を喚起するものとなっており、吉田の満洲
国を視察する際のスタンスを暗示するものとしても興味深い。

駅前通り

奉天駅（現在の瀋陽南駅）前には長方形の満洲国で最大の満鉄附属地が建設されており、駅前広場からアスファルトで舗装された五つの大通りが放射状に伸びていた。
写真は、駅前広場から、浪速通り（幅36m、現在の中山路）を臨んでいる。

奉天駅前からの大通りは、附属地と商埠地および城内を結ぶ幹線道路ともなっており、沿道には日本側の建物（病院、文教施設、満鉄職員社宅、金融機関等々）が立ち並んでいた。
写真は、駅前広場から臨む千代田通り（現在の中華路）。

喋吉ノート　　駅前客引き合戦

　駅頭にずらりと整列（？）している満人宿屋の客引き風俗も独特で、これもやはり普通の支那服の上に羽織る袖無しだが、丈は赤帽のと異なって、ヒザ下までの長いもの、ちょっと陣羽織といったもので、黒綿地の前面に白地で大きく福順桟〇〇桟などと屋号（桟は宿の意）が貼り付けてある。中にはヒザ上くらいの短いもので、文字を背中にも貼り付けてあるのもある。（「経済知識」）

お泊りはコチラへ

奉天駅は、大連と新京を結ぶ満鉄本線の旅客駅であるとともに、北平（北京）に直通する奉山線（奉天－山海関）、吉林への奉吉線（奉天－吉林）、朝鮮半島に繋がる安奉支線（奉天－安東）や撫順炭坑を結ぶ撫順支線のターミナル駅だった。満洲国内鉄道交通網の一大結節点として、日々多くの乗降者で賑わう、満洲国内鉄道交通の一大中核駅となっていたのである。

奉天駅頭満人宿屋の客引き、黒衣の整列

満洲国成立に伴う各種の建設ラッシュは、多くの日本人を満洲国視察旅行へと誘った。奉天駅は日本人乗降者で賑わうが、多くの中国人も利用していた。「あるが儘」を求める吉田謙吉の視点は、中国人乗降者と日本人が利用することの少ない中国側宿泊所の従業員、およびその服装へと向けられる。

車夫が自ら所有する人力車に施す装飾には、集客的効果のみならず車夫自身の自意識や美的センスが表象される場合もある。だとすれば、その装飾には現地の文化的特徴が無意識的に反映しているとも考えられる。「考現学」者の吉田謙吉が人力車の写真を多数撮っている所以の一つであろうか。
上左写真奥の建物は奉天ヤマトホテル、上右は奉天駅前から浪速通りを臨む写真。

謙吉ノート　　駅前広場の人力車

　馬車も人力車も、満洲各地中、最も支那式多飾の特色のあるもので、殊(こと)に人力車は仔細に点検して見ると、なかなかに凝ったものが多い。したがって泥除けの真鍮金具などもピカピカと磨き立て、いかにも大事にしている状態がわかり、銀行の前などに付いている自家用車の六角形のアセチリンランプ等いわゆるゲテものファンの垂涎を誘うに足るが如きものさえある。大連に比して、奉天の人力車は、座席がぐっと低くて乗心地がよい。これは結氷との関連からだそうだが、かつ満人はいったい身長が高いので、従って梶棒がすこぶる長い。（「経済知識」）

奉天駅前の日本人

満洲国の日本人の多くは、「日本」の生活様式をそのまま持ち込み、優越感と共にそこに籠もるかのような暮らしを送っていた。満洲国は、多様な文化の相互変容する方向性ではなく、モザイク国家的様相を持っていたのである。写真の下駄履きの少年と着物姿の婦人、中国人の婦人と馬車は、それを象徴しているようにも見える。ここにも「あるが儘の満洲国風俗」が切り取られているとも考えられよう。

諸言ノート　　　　　馬車で見物

　馬車も大連のものより遥かに多彩で、座席の白い覆布(ふくふ)等にも赤い「喜」の字が縫い付けてあったりする。馬車もたいてい自分で持っているらしく、即ち(すなわ)これが唯一の財産であろうが、北陵へ乗って行った馬車(マーチョ)に、同行の小倉田平氏が聞いてみたら「馬と車とで大枚百二十円で買ったのだが、損をした」と言う。成程いくら鞭をあてても一向に走らぬ馬であったが、おかげでゆっくりと見物も、撮影もできてしまった。(「経済知識」)

吉順絲房屋上からの眺望
きつじゅんしぼう

1914年創業の吉順絲房は、奉天城内の商
店街である四平街通りに店を構え、26年
には2階建から、エレベータや扇風機を
備えた5階建に改築し、奉天を代表する
中国人経営百貨店となっていた。
改築後の同店は、円柱やバルコニーと
いった洋風建築様式を基調としつつも装
飾細部などに中国的様式も使用するとい
う、満洲の中国側近代建築物（「中華バ
ロック」）を象徴しており、奉天市街を
一望できる屋上と相まって、当時の奉天
観光の一大スポットとなっていた。

誌　言　ノ　ート　　　　　百貨店からの展望

　城内一のデパート吉順絲房のルーフからの展望は城内視察者の定石
らしいが、内地のデパートの屋上の眺めと異なり、物干台が見えるで
なし、看板の裏が見えるでなし、眼下に見えるものは支那建築街の布
置面白き真黒ないらかの密集であり、そして遥かに見える城壁のジグ
ザグである。（「経済知識」）

馬路湾の住来 [マーローワン]

馬路湾は、千代田通りが国際道路と交差し十一緯路となる、附属地から商埠地へと移るあたりを指した。写真は、その付近の高さのある建物から俯瞰撮影したもので、上辺に写る看板内の「洋行」とは一般に対外交易商を指す。

馬車の流れで車両が左側通行なのがわかる。また、道路に沿って客待ちと思われる人力車や馬車も写っており、吉田謙吉の調査結果とも相まって、人力車や馬車が奉天住民にとって身近な交通手段だったことを窺わせている。

交通調査

[謙][吉][ノ][ー][ト]

　吉田謙吉は、奉天の通称馬路湾と呼ばれている街角（駅方面と場内方面への要路）で、歩行者と乗り物の調査をしている。（編集部・記）
「八月十六日午前十一時三十五分から15分間。此処を通った歩行者と車馬を調べて見たら——バス11台、馬車（空）19台、（乗）20台、人力車（空）19台、（乗）23台、自動車（空）3台、（乗）3台、トラック5台、オートバイ3台（内1台は憲兵）、オートバイリアカー3台、リアカー3台、自転車60台、手荷車5台、一輪車2台、天秤棒5人、徒歩47人。といった状態で十一種もの車馬が通っている。」（「経済知識」）

一輪車と天秤棒

　前項の馬路湾での調査で、吉田謙吉は特に一輪車と天秤棒かつぎに
興味を示している。(編集部・記)
「殊に一輪車は、キの字形の車が回っていくので、サーキーサーキー
と読めるという。肩から紐で吊って、泥土など積んで押して行くのだ
が、ゆっくりと異様な哀音を立てて行く。また天秤棒はもちろん、物
売りや運搬だが、これも人力車の場合の如く満人の身長に比例して、
内地の天秤棒等より遙かに長い。また特種の曲線に作られたものもあ
る。二段三段とつないでいるものなどもある。」(「経済知識」)

一輪車

一輪車（猫車、中国語で「推車子（トゥイチャーズ）」）は、一輪であることで、泥土化することの多い中国の道路事情にあって、多輪車に比べて足をとられることが少ないなど、その制御のしやすさから、中国全土の土木や農業などで使用されていた。

一般に、車輪を含めて木製で、前方に車輪が設置され、荷物は車輪の後方に載せる形となっていた。吉田謙吉が指摘する、肩から紐で吊るすのは、積載重量の増加を可能にするためである。

天秤棒

天秤棒（中国語で「扁担（ビィエンタン）」）も、安価に製造できる運搬具で、中国全土で使用された。主に木製と竹製で、木製は中央部がやや太く両端に拐（カイ＝紐をかける突起）があり日本同様の形だった。竹製には拐がなく、両端が鉤状に折り曲げられて紐をかけた。

一輪車や天秤棒は、いずれも過酷な肉体労働を前提とする運搬具であったが、満洲国での担い手の大半は中国人であり、期せずして満洲国の民族的分業を象徴させるものともなっている。

北陵（昭陵）
<ruby>北陵<rt>ほくりょう</rt></ruby>（昭陵）

「北陵」は、奉天の北部郊外にある太宗ホンタイジ（在位1626-43年、「後金」を建てたヌルハチから数えて第2代皇帝。国号を「後金」から「清」に改めた）とその妻の孝端文（こうたんぶん）皇后の陵墓で、1643年に建設が始まり、1651年に完成。

張学良政権下で史跡として整備され、満洲国期に入ってからも奉天観光スポットの一つとなっており、吉田謙吉も人力車に乗り、同地を訪れている。

写真は隆恩殿前庭からの景観。なお「北陵」は、2004年にユネスコ世界遺産「明・清王朝の皇帝墓群」の一部として追加登録されている。

城壁下の商人

天秤棒を担いでいく者、路上で商いをする者。城壁(右ページ解説参照)の下の光景。

奉天城城壁

奉天の外城壁の大半は、清末から中華民国初期に撤去されたが、内城壁の一部は満洲国期にも残っており、古都を象徴する史跡となっていた。内城壁には内治門、撫近門、天佑門など八門があり、それらは、内城の外に広がる商埠地や満鉄附属地という「近代」的都市空間と伝統中国都市空間を隔てる「関門」的象徴ともなり得るものだった。吉田謙吉の視角はこの二つの都市空間の境界にも向けられている。

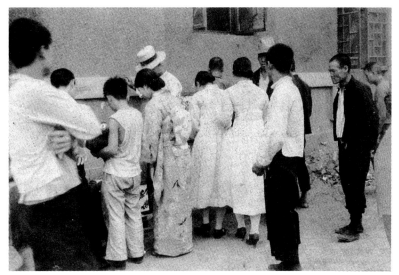

大道商人を囲む人々

奉天に限らず、中国の都市では路地などの路上で商品を並べるいわゆる大道商人が散見された。そのような風景の一コマだが、何が売られているのか不明なカットは、吉田謙吉の関心がそこに集まった人々の民族的多様性にあったことを窺わせている。

謙吉ノート　　　　　春日町夜の賑わい

　奉天における附属地、即ち内地人街きっての賑わいは何と言っても夜の春日町であろう。両側の露店は更なり、車道も夜は車止めしているので、ここにまで人出は氾濫している。試みに一書店（東京新宿の紀伊國屋を横にしたくらいの面積の）に入っている人を調べて見ると、内地人53人、満人9人というひしめき合いである。もっとも往来の人出は、一般に、六七割方は満人の如くである。（「経済知識」）

奉天の花街

開発と発展が「新興満洲国」の「表の顔」だとすれば、その「裏の顔」を併せ見なければ「あるが儘の満洲国」を見たことにならない。それを「風俗」という視角から切り取るとき、いわゆる「夜の街」の風貌も浮かび上がることとなる。吉田の視線は、そこにも及んでいる。写真の「群仙書館」を掲げる店舗は、いわば「夜の奉天」を代表する一店で、ここでの「書館」は「妓楼」「料亭」「遊郭」といった意味である。

魁吉ノート　　　　　　　　　妓楼「平康里」

　城内の満人街を除いては、満洲婦人服の尖端など見られるのは、やはりこの春日町界隈であろうか。近くに一流どころの平康里*（妓楼）もあるので、いわゆるシロート、クロートの比較研究もできる。（「経済知識」）

　　　　　　　　　　　　　＊平康里　奉天にあった花柳街の名称。（編集部・記）

33

奉天のバスと電車

◀人力車や馬車の他に、奉天における庶民の足として大いに利用されたのがバスと路面電車だった。バスは、「黄バス」と呼ばれ、奉天駅を起点に市内の要所に通じており、1935年の出版物によれば一日約5〜6万人の乗客があると記録されている。

左はバス車内の写真である。上右側の写真はバスの後ろ姿である。なお、運転手と車掌の大半は中国人で、車掌は簡単な日本語を解することが多かった。

バスの後ろ姿

バス後背部に乗降口があるのがわかる。なお、奉天庶民の足としては、バスや路面電車の他に、タクシー（「豆タク」や「奉タク」と呼ばれていた）もあり、1935年の出版物によれば一日の乗客が約3千人程度とされている。

奉天の路面電車

1934年当時における奉天の路面電車は、奉天駅前から附属地・商埠地の北側を、内城壁で南折して懐遠（大西）門に至る路線と、直進して福勝（大北）門に至る路線があった。

[謙吉ノート]　　　バスの車掌さん

　（満洲婦人服の）尖端としては花模様などより洋装生地風の細かい幾何学的な柄が選ばれるようである。

　　ただし、女学生や（小学女生も）バスの車掌さんのユニフォームは、一様に鴨蛋青（カタンチン）といって浅葱色に近い無地が用いられている。

　　髪は断髪が一般だ。見事にウエーブしたのも見かけるが、しかし断髪はもはや学良時代*の発令の踏襲に過ぎぬことから、少しずつ延ばしかけネオ満洲髷が生まれようとしているのだという。（「経済知識」）

　　*学良時代　張作霖の長男・張学良が父の死後、満洲を統括した時代。（編集部・記）

薄 益三—「天鬼将軍」—
<small>うすきますぞう</small>

写真の人物は、薄益三（1879-1940）。薄は、現在の新潟県阿賀野市出身。日露戦争に従軍後、朝鮮・満洲での活動を開始。1916年の東部内モンゴルでのバボージャブ軍蜂起（1915年のキャフタ協定*に反発した軍指揮官バボージャブが起こした蜂起）に参加。1920年代に東部内モンゴルにおける開発事業を手がけ、満洲事変直前には満鉄による奉天駅西側の「鉄西区」（満洲国期に工業地帯として発展）の土地買収交渉を担当した。薄は、これらの活動を通じて、日本政府や日本軍および満鉄の要人、更には現地の中国人およびモンゴル人への人脈を広げ、「天鬼将軍」などと呼ばれ、いわゆる「大陸浪人」として名を馳せた人物だった。
＊キャフタ協定　中華民国、ロシア、大モンゴル国（ボグド・ハーン政権、外モンゴル）の間で結ばれた協定。中露の妥協により、外モンゴルの自治のみが承認され、内モンゴルは中国領とされた。

大陸浪人 薄天鬼
<small>うすきてんき</small>

　奉天で有名なU氏を、その二階のバルコニーで撮らせてもらったもので、これは満洲風俗ではないが、遙か仁丹広告を書き込んだ煉瓦の家壁の立ち並んでいる遠景も見え、前景にはランチュウ飼育の甕<small>かめ</small>が置かれてあり、その甕を両側に侍らせた如く見せたのは、いわゆる支那式のシンメトリーな布置をねらって見た構図の洒落だが、これまた満洲風俗でありたいと撮った所以なのである。（「CAMERA」）

旗人の夫人たち

吉田謙吉記述を信じれば、旗人には第
四夫人までいたこととなる。なお、謙
吉のメモには「世氏公館」とあるが、
具体的に誰を指すのかは不明。

満洲旗人のシンボル

清代における有力旗人の住宅建築様式の多く
は、漢人住宅建築様式の影響を強く受けたもの
となっていたが、いくつかの相違はあり、その
一つが謙吉の記述にある、天地の神を祭る標識
としての意味を持つ神杆(上台紙写真)だった。

謙吉ノート　　満洲の上流夫人たち

　U氏の好意で瞥見するを得た満洲上流(旗人*)の邸宅の中庭だが、
四人の婦人たちの記念撮影をすべく敷石に絨毯を敷き、椅子などを列
べて用意中のスナップの一枚である。ここで私は、満人の集団撮影に
対しての、並び方、ポーズについて幾多の問題を提供してもらった。
洋式に近い満人の起居は、かかる場合にも、腰掛ける式に日尚浅い内
地人に比べて、いかにもまとまりがいいことである。この時も、用意
が出来上がると見るや、四人の夫人たちは祖母を中心にして、その背
後にたちまちキチンとシンメトリカルに並んでくれたものである。
(「CAMERA」)

＊旗人　中国・清代の八旗制に属した人々。旗人は、満洲人・モンゴル人・漢人など
を含み、各種の特権が与えられていた。(編集部・記)

満洲旗人の庭

　奥庭の正面の館は、外観も欧風白亜で有る。その前に、陸澮果の植込み、月の出と共に匂うという月来香（ユーランシャン）等咲き乱れている。左手の古風な円門を透しては、低く垂れ下がっている梧桐（ごとう）が見える。円門に対して右手の塀の一隅に、櫓（やぐら）の如き形のものは、高貴なる満洲旗人の家に限り置かれるものだという。その櫓の如き尖端に肉を挿し、烏に捧げた風習だという*。（「経済知識」）

＊p37写真「満洲旗人のシンボル」に写っている「神杆」のことと思われる。（編集部・記）

旗人宅中庭

吉田謙吉の『経済知識』誌上の記述と前ページ及び本ページの写真から、この旗人宅は、外側を洋風建築としつつも（p37左側写真参照）、ひとたび中に入ると、大きな中庭をコの字に囲む形で、正面に大房、左右に廂房の三つの房を遊廊で繋ぐ形で配した、清代官僚の典型的な邸宅であることが窺える。なお、大房は三部に区分し中央が客間となり左右が居間となっていた。下の写真からは集合写真が客間の前で撮られていることがわかる。

集合写真スナップ

旗人宅の面々と薄益三が写されており、謙吉の旗人宅訪問に薄が同行したことがわかる。訪問に際して、p36で述べた薄の現地要人との人脈が有効だったことが窺える。なお、満洲国成立後の薄は、日本での活動が増えていき、1940年東京で死去した。

泥棒市場(小盗児)

奉天のみならず、大連、新京、ハルビンなどの満洲の大型都市には、必ずと言って良いほど「泥棒市場(小盗児)」と通称される市場(マーケット)があり、満洲名物の一つとなっていた。そこでは、様々な露天商が軒を連ね、中古品(時として盗難品も含まれていた)を含む様々な商品が売買されており、現地住民にとって重要な商品売買の場所となっていた。

謙吉ノート　　　　**奉天城そばの市場**

　奉天城城壁の周囲は、いわゆる泥棒市場で、事実、極近においては医大の失われた顕微鏡が金八十銭で、ここから舞い戻ったなどといわれている。だがしかし、なかなかに整然たる職業別区域を画したる立派な市場なのである。日用雑貨、食料品はもちろん、古着屋、靴屋、時計屋、眼鏡屋、骨董屋、鍛冶屋、もっともらしい易者、簡単極まる大道床屋、十年一日の如き手工芸をやっている巻煙草屋等々。

　店舗は高い城壁を背にして両側に櫛庇しているのだが、城壁側の家に入って見ると、丁度屋根裏と反対の勾配に城壁が一方の壁を成している。で、その黒い煉瓦の地肌を広告絵の色刷の美人画や、水滸伝の戦争画などで貼りつめてあったりする。壁越しには、隣家のレコードの、支那劇のかん高い歌も聞こえてくる。(「経済知識」)

易者 「泥棒市場」が立つような場所には、そこに集まる多くの人々を当て込んだ様々な職業の人々も店を出していた。その意味で、市場とその周辺は、人々の生きるための生業の全体像を見渡すことができる格好なロケーションだった。考現学を提唱する吉田謙吉にとって、またとない撮影対象場所でもあったのである。

露天理髪店

上の写真の街頭易者と共に露天理髪店も、多くの市場で見ることが出来る職業だった。

研ぎ師 刃物の研磨は、理髪店や食堂が数多く出店していた市場にとって、必需の職だった。

被写体としての子供

『経済知識』から特派された吉田謙吉は、相対的であるが多くの子供の写真を撮っている。そこでは、当見開きの「謙吉ノート」に示されているように、日本と異なる子供の服装などを記録するということがあった。しかし同時に、「あるが儘」を撮影の主題としていた吉田にとって、子供が自然と纏う「無垢」や「純粋性」こそ、格好の被写体だった可能性も留意されるべきであろう。子供の「無垢」や「純粋性」を通して、謙吉が「満洲国」の「あるが儘」を如何に認識したのかは、下掲の「満洲各所を通じて、最も微笑裡に撮影し得た所はこの市場街であった」を手掛かりに考えてみたくなるところである。

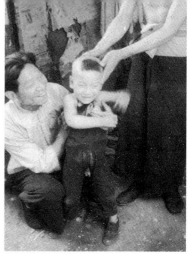

最初からニコニコしていた子供にカメラを向けていると、たちまち側（そば）からその子供を抱えてくれる、一人は首を押えるという騒ぎ。その首を押えてくれた人の顔を入れなかったのは、子供を中心にしたかった私のいささかの野心的構図であったのである。（「CAMERA」）

謙吉ノート　　　　　　　　市場の子供たち

　この両側の店に狭められたせまい往来で、クリクリ坊主に刷毛をつけたように前髪を伸ばしてる子供たちが喜々として遊んでいる。カメラを向けると、親たちが喜んで子供をさし抱えてくれたりする。言葉が通じなくても、微笑すれば彼方も必ず微笑する。（「経済知識」）

　奉天城壁のぐるりを取り巻いているいわゆる泥棒市場と称せられている所の狭い往来での特に子供の撮影だが、この市場は、泥棒市場というと聞こえが悪いが、どうしてどうして職業種別に区画された立派な市場で、ここに御目通りしているのは、日用品雑貨店市場の子供たちである。——私はあえてカメラによる日満親善を提唱するわけではないが、満洲各所を通じて、最も微笑裡に撮影し得た所はこの市場街であった。（「CAMERA」）

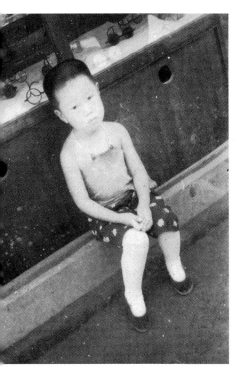

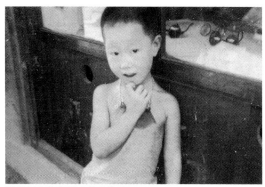

眼鏡屋の飾り窓の前の敷居に
腰掛けていた子供で、湯上り
らしくテンカ粉を叩いてい
る。赤い腹掛、小さい支那鞋
（わらじ）、さらにカメラを近
づけて見たら、即ち右のごと
き表情。（「CAMERA」）

＊テンカ粉　天花粉または天
瓜粉。古くからおしろい、ベ
ビーパウダーに使われた。

無心の赤ん坊のまるまると
肥った顔、いわゆる満洲髷（ま
げ）の母親の、子供に向けら
れた表情、これは雑貨屋や何
かで、前景のアンペラも入れ
たかったものであったのだ。
（「CAMERA」）

＊アンペラ　カヤツリグサ科
の多年生植物。また、アンペ
ラで編んだむしろのこと。

奉天市同善堂の救生門に掲げられた「救生所要則」

苦力（クーリー）の住居

　この城壁の市場の、どこかの細い路地のようなところをだらだらと四、五間下りてゆくと、高粱（こうりゃん）と、寄せ集めのトタン板と、そして泥土とで捏ね上げた家とも小屋ともつかぬ眺めで見渡す限り起伏している。そしていずれも三尺ほどの小さい入口が半分ほど地下に埋もれており、ある物は外からしっかりと錠前が下されている。

　前は空地の如くで小高い丘になっており、焦げ色の体躯の苦力たちがそここここにポツンポツンと腕組みをして突っ立っている。

　その小さい低い入口からふいに白い顔が突き出る。そして向こうの口からもまた一人、いずれも白い顔である。そして何やら言う。

　「お前たちの来るところではないからあっちへ行け」と女が言ったのだと、同行の〇氏が説明してくれる。

　中をのぞけばどろどろの、見渡す限り何と五千戸！　どん底の、苦力の××窟である。（「経済知識」）

奉天の貧困層

他の都市同様、奉天も多くの貧困層を抱え込んでいた。発展と都市化の「暗部」とも言える貧困層の多くは、劣悪な労働環境で就労し、内城壁外周囲の劣悪な居住空間で生活を送っていた。

この状況は、貧困層が産み出す諸問題の救済を図る慈善事業を産み出すこととなり、左ページの奉天市同善堂もその一つだった。同堂は、19世紀末の成立以降、在地の官民により運営され、満洲国成立後は市営となっていた（1936年に財団法人化）。同善堂の「救生門」は育てることができない嬰児を同堂に託する窓口となっており、数ある同堂事業の中でも多くの日本人の注目を集めたものの一つだった。

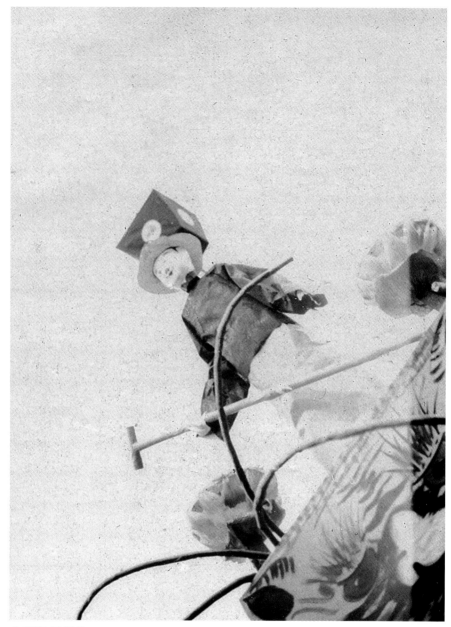

中元節・盂蘭盆

　吉田謙吉が、ハルビンからの帰路に奉天を再訪した8月下旬は、現地中国人たちの伝統的祝祭日の一つである「中元節」と「盂蘭盆会（うらぼんえ）」の時期にあたっていた（共に旧暦7月15日［1934年は8月24日］が当該日で、関連儀礼はその少し前から始まる）。「中元」は善悪を分別し罪を許す神の生誕日とされる道教由来のものだった。そこに祖先の冥福を祈る仏事である「盂蘭盆」が習合・一体化し、年中行事となっていた。「盂蘭盆会」は日本にもあるが、異なるところも多く、物珍しい「満洲風俗」を欲する日本人にとって格好の見物対象の一つとなっていた。

馬車に乗る女性

この写真からは、女性にとっても馬車が便利な日常的な「足」となっていたことが窺える。なお、写真台紙に「正善堂前」と記されていることから、「正善堂」があった奉天信濃町付近で撮影されたものであることが分かる。

路店の西瓜

有力者が主催する「盂蘭盆会」では、下写真にあるような、芝居小屋や山車が出されることもあった。多くの人たちが集まり縁日を彷彿する状況となっていた。当左右ページの写真台紙に「支那ノオ盆詣リ」とあるのは、この状況を指している。

精霊船と芝居小屋

写真後方に「盂蘭盆聖会」(「聖会」は法要といった意味) の看板が掲げられている小屋では、芝居などの演目がかけられていた。手前には、精霊船に見立てた飾り山車。左ページの写真は、その天井に船の漕ぎ手として飾られていたハット帽をかぶった人形である。

よそいきのファッション

短髪の少女が着ているのは、1920年代に入り中国で流行していた襟が高く袖が短くなった「新旗袍」と呼ばれた服装。右端の成人女性が着ている上下 (小衫〈シャオシェン〉・褲〈クゥー〉) に分かれた服装は、1910年代後半から20年代にかけて流行した。

中央大戯院外観

中央大戯院は、1921年、「北市場」と称された地区に開設され、当初の劇場名は「奉天大舞台」だった。27年に3階建てへ改築すると共に劇場名を「中央大戯院」と改称し、奉天を代表する大型劇場となった。また、内部の構造は、次ページの吉田謙吉の記述を見る限り、一階にテーブルを配し階上を三方桟敷とする中国北方に一般的に見られるものとなっている。なお、同院所在地の「北市場」は、1921年、張作霖地方政府の主導により路面電車線路北側（奉天公園北西）の商埠地内に開設された商工業地区で、その後、同政権の後押しもあり、順調に発展した。謙吉が奉天を訪れた当時は、奉天の城外を代表する露天商や妓楼が密集する一大商業・歓楽街として観光スポットともなっていた。

謙吉ノート　　　　雑踏に建つ芝居小屋

　　食料品市場のむせっかえす臭いや、二三流どころの平康里（ピンカンリ）も近い、雑踏の北市場に建っている支那芝居、中央大戯院（チョンウーターシーイン）は目下三十年来滞満しているという髭の松岡助重氏が事変後経営している（事変当時は軍隊の宿舎なりし由）。（「経済知識」）

中央大戯院内観

中央大戯院に対する吉田謙吉の所感は、下掲「謙吉ノート」の記述がすべてとなっている。そこでは、劇場客席の外形的な特徴とそれに対応する客層の特徴を述べるに止まっており、吉田が「支那劇」（記述内容からすると京劇か？）の本質を「聴く」にあると看破していたにせよ、その淡白さには意外な印象を拭えない。謙吉が提唱する考現学は、一見とるに足らないと思われるモノを通じた思索を追求していたからである。吉田の思索の「伸び」を押しとどめてしまっていたものは何であったのだろうか。

〔謙吉ノート〕　　　　　　　　八月の芝居小屋

　開幕近き薄暮——と言っても満洲の八月、午後五時半はまことに奇妙な明るさである。木戸はワンサと押しかけて来ている。もちろん見物は満人ばかりと言ってよかろう。定員三千人で、階下一等席は、入場料の他に茶代を払う仕組の習慣だそうで卓子（テーブル）を囲み、三々五々座して水瓜（すいか）の種子などをかぢってる。階下に婦人客は一切入れず、その代わり二階が家族席でボックス風になってる。三階は三等で、四等の追込みは一階の左右で割合に優待だ。その追込み席の背後の小さい窓から、まったく赤い夕陽が射し込んでいる。向かい側の四等席の苦力たちはまぶしそうに手をかざしている。

　支那芝居は見るというよりも、聴戯（チャンシー）というくらいで、俳優の声を第一とする。また一方流行歌などというものを持たない娯楽対象の少ない満人は、その口ずさむ曲もたいてい芝居の歌曲であることから、芝居はかくしていつもこんなに大入満員なのだという。（「経済知識」）

49

北満鉄路の車窓

台紙のメモに「スレ違ッタ新京行キ三等車ノ窓」とあることから、吉田謙吉が新京からハルビンに向かう途中で撮影したものと考えられる。車両のロゴから列車が北満鉄路のものだとわかる（「48MECT」は48人乗りの意味）。満洲国は、中ソ合弁化していた中東鉄道を事実上満ソ共同経営化し、1933年に社名を北満鉄路に変更していた。ソ連製の列車に、中国人少女、そして日本人命名の「新京」が、一体となったこの写真は、満洲国が内包する多民族性を象徴していると言えよう。

建設される首都・新京

　1932年（昭和7）2月、関東軍主導下で進められた新国家樹立工作の中で、首都を長春におくことが決定され、同年3月の満洲国建国宣言と共に、長春を新京と改称した上で首都とすることが公布された。満洲国首都新京の登場である。新京は、1945年8月の満洲国崩壊に至るまで首都として同国の政治的中核都市であり続ける。

　新京の前身である長春は、内モンゴルの郭爾羅斯前旗の旗地だった地域に、漢人移民が定着したことから1800年に清朝行政庁として長春庁が設けられたことを起源に持つ。その後、1901年にロシアによる東清鉄道＊南部線が完成し、長春郊外に寛城子駅が設置され、さらに日露戦争後には寛城子と長春の間に満鉄の最北端駅として長春駅が開設されると、東清鉄道と満鉄を結ぶ都市として成長を遂げていく。だが、満洲国建国に至るまで、奉天や哈爾濱あるいは大連などの都市と比較すれば中規模都市にとどまっていた。

　この中規模都市でしかなかった長春が、満洲国の首都に選定された背景には、既存の大都市がその歴史的経緯から抱えていた中国やロシア・ソ連からの政治・経済的影響力を排したかったことに加えて、首都機能建設に不可欠となる用地買収が大都市部に比較して容易だったことが考えられる。このことは、新京が、旧長春市街や既存都市施設の再利用にとどまらない、新国家に相応しい新たな建設により構築されることを念頭においたものだったことを示していた。

　謙吉が訪問した新京は、国庫特別会計3,400万円の巨費を投じて進められた国都建設第一期事業が本格化した時期であり、1931年末段階で約12万だった人口は34年末段階で約22万に急増していた。新京は、前述した満洲国の熱気と未来の可能性を象徴する都市となっていたのである。

＊東清鉄道　建設時は東清鉄道、その後、中東鉄道、北満鉄路などと呼ばれた。

新京でも搬荷夫、人力車夫、駁
者などは現地公権力の統制す
べき対象となっていた。駁者
背中の番号はその象徴だった。

駆ける馬車

馬車駁者（ぎょしゃ）の肩越しに見える中央通り。新京
駅前には、1907年に造営が開始された満鉄附属地の一部
である半径91mの円形大広場があった。

謎宮ノート 　　　　　駅頭の馬車夫

　奉天駅頭は一本も木立がなく、黄塵がかすめているが、新京駅頭は
みづみづとして、丸く刈り込まれた並木が、広場を飾っている。

　広場には相変わらず馬車がいるが、ここのはまた奉天と異なって、
露西亞式に大まかである。馬の大きさも異うようである。馬車夫は一
様に背中に新京の二字と番号をつけた袖なしを羽織っている。鈴の音
も高い。（「経済知識」）

第二庁舎（首都警察庁）と建設途上にある満洲電信電話株式会社

前述した通り、吉田謙吉訪問当時の新京は、新たな道路や庁舎の建設ラッシュのただ中にあった。この様子を、下掲文章の中で「震災」（関東大震災）後の東京に例えているのは、吉田にとっての「開発」イメージのプロトタイプが何処にあったのかを考える上で興味深い。

謙吉ノート　　　　建設の掛け声

　駅頭から真直ぐに進んで西公園の彼方、関東軍司令部の威容がそびえている。この辺りから聞こえてくるものは、いずれも国都建設の掛け声ならざるはなしといった気勢が看取される。其処此処に見える足場、起重機。そしてひっきりなしに飛行機の爆音。

　丘を登って行くのは、建設の糧を運ぶ車馬である。

　　木材を積んだ馬力4台。街灯をのせた馬力1台。煉瓦を積んだ馬力3台。同9台。古材木を積んだ馬力2台。石炭殻様のもの馬力3台。

　　南京袋を積んで1台。ハダカ馬10頭――

　これはほんのその一例である。新京のかかる状態を震災後の東京に例えられるが、まことに此処に来て、この車馬の絡駅＊たるところを見ると、白ズボンで白靴など履いているのが済まなくなり、ゲートルを巻きたくなる。（「経済知識」）

＊絡駅　人馬の往来などが絶え間なく続くさま。（編集部・記）

ぬかるみに寝転ぶ黒豚

新京に限らず、中国都市の多くは排水能力が低く、一度雨が降ればたちまち泥濘化していた。

とりわけ新京は、郊外東を流れる伊通河の支流小河川が何本も流れ込んでおり、その対策は国都建設における重要な課題となっていた。なお、豚は、食肉としてはもちろんのこと様々な用途を持ち、満洲で最も多く飼養された家畜で、野性味を持つ在来種は、満洲を訪れる日本人にとっての名物の一つとなっていた。

 　　　　　　　　　でいねい
　　　　　　　　　泥濘の黒豚

　国都建設局を中心とした辺りは、折からの降雨の後で、道はまったく泥濘そのものだ。その泥濘の陽だまりでは、満洲独特の黒スケの豚がその泥水に鼻づらを突込んですすっている。(「経済知識」)

　新京の泥濘に鼻づらを突込んでいた満洲独特の黒豚の群で、かつて入江プロ*の撮影隊が、熊と間違えて逃げ出したというエピソードを聞かされながら撮ったものである。(「CAMERA」)

＊入江プロ　戦前、女優の入江たか子が設立した映画製作会社。中国東北部をロケした作品に『満蒙建国の黎明』(1932年 監督・溝口健二)がある。(編集部・記)

西公園の遊園池

前ページでも触れた通り、降雨や小河川の水を如何に処理するのかは、新京建設上の重要課題の一つだった。それに対する方策としてとられたのが、分流式の下水道や暗渠を併せ持つ道路および雨水調整池の設置だった。特に雨水調整池は、下水道と公園緑地を結合させた親水公園建設という形で具現化されていく。

写真の西公園は、満洲国以前に満鉄附属地南西端に建設された親水公園であるが、吉田が見たこのような景観はやがて、新京各所で見ることができる、新京を特徴付ける景観の一つとなっていくのである。

西公園のベンチ

新京の公園には、日本人のみならず、中国人も訪れ、ボート遊びに興じるなど、憩いの場所となっていた。左写真は、洋装、和装、中国服という、「開発と近代化」や「五族協和」といった満洲国の政治スローガンを象徴する構図のスナップとなっている。

第一庁舎と第二庁舎

急ピッチで進む国都建設に対応して、国都都心と位置付けられた円形の大同広場（直径300m）に面して建設された第一庁舎（1933年5月竣工、後の新京特別市公署）と第二庁舎（p54参照。同年6月竣工、後の首都警察庁）は、竣工半年前から部分利用されていた。

両庁舎は、共に「王道楽土」などの政治スローガンを表象することを念頭において建設されたものだったが、この後、中国風屋根を架けた第二庁舎スタイルが政府庁舎の主流となっていった。

第一庁舎屋上に翻る満洲国国旗

1932年4月に開設された国都建設局は、新京建設の計画立案から事業実施に至る全般を担当する組織だった。同局は第一庁舎内に置かれており、その屋上に翻る満洲国旗という構図は、正しく満洲国「建国」を象徴する一枚となっている。

証言ノート　　満洲国旗

　泥濘の丘を登りつめて、国都建設局の最高塔に上って見渡すと、大同広場の大リングも劃然として見られる。眼前には満洲国旗がへんぽんとして翻っている。（「経済知識」）

建設途上の「国都」

国都建設では、既成市街21㎢（満鉄附属地、商埠地、城内、寛城子など）以外の約79㎢という広大な新市街の建設が計画されていた。

吉田謙吉訪問当時は、その第一期計画の推進途上にあたり、写真に見られるような建築物が各所に姿を現し始める、その意味で活気ある都市建設の姿を感得できる時期となっていた。

新市街の建設は、格子状街路と円形広場と斜路を組み合わせた形状を持ち、土地の用途が明確に区分（住居、商業、工業、特殊、雑種）され、上下水道を備えた、建築基準に沿って建てられた公共施設・商業施設・住宅などが整然と並ぶという計画の下で進められた。それは、その計画を遂行し得る強権力に裏付けられた、地主・デベロッパー・行政という三位一体的な権能を持った国都建設局の指導下で推進されていた。

吉田はその様子を「経済知識」でこう記している。

「浴衣がけの監察院総務司長藤山一雄氏が、手にさしたステッキ代りのアルペンシュトックで指し示された夕空の彼方、其処には内地の銀座並の街灯が光り二階建てのガッチリした文化住宅がそれぞれ煙突を突き出して立ち並んでいるのであった」

新京での案内は藤山一雄（1889-1975）から受けていた。満洲国独立宣言起草に関わり、満洲国で国務院と監察院の各種官職や満洲国立博物館副館長などを勤め、地理学、民俗学、博物館学、農学などの広範な知識を修めた作家でもあった藤山と、吉田がどのような会話を交わしたのかは興味をそそるところだが、残念ながら吉田は記録を残していない。

北満鉄路護路軍兵士

下記の吉田の記述にある「護路軍」とは、満洲国軍に属する北満鉄路護路軍のことを指す。同軍の実態は不明な点も多いが、吉田の記述に拠れば、同軍はロシア人を含む多民族構成だったこととなる。

なお、「護路軍」としては、満洲事変前に、ロシア革命による混乱下の1919年に、中国側がロシアの中東鉄道に対する影響力排除の一環で中国軍から編成した「中東鉄路護路軍」があるが、満洲国成立過程で事実上解体していた。

線路内のロシア人と中国人

北満鉄路では、事実上の満ソ共同経営化以降も、労働者の大半は中東鉄道時代同様にソ連人と中国人で占められていた。次ページの吉田の記述はこの状況を端的に示していた。

ソ連人労働者の大半は、ソ連が1935年に北満鉄路を満洲国へ売却するとソ連に帰国するが、その多くは37年以降のスターリンによる大粛正の嵐の中で、日本のスパイとして厳しい弾圧にさらされていく。

[🚂吉ノート]　　　　ロシア兵たち

　新京駅における護路軍の露兵士たちて、烈日の遠景を一角の構景に入れてみたもので、北満沿線に見られる風俗の1枚である。（「CAMERA」）

駆ける列車

高粱（コウリャン）あるいは大豆の畑
が見渡す限り広がり、その向こうに大
きな夕日が沈んでいく―。
満洲に対するステレオタイプとも言え
るこの風景は、実は19世紀末以降の鉄
道建設により急速に拡大した人工的な
産物だった。鉄道建設に伴い、在来の
広大で豊かな灌木林や草原あるいは原
生林が、鉄道に乗って北上する移民農
民たちにより伐採され農地化され続け
た果てに現れた景観だったのである。

浴衣姿のロシア人女性

日本の北部満洲への本格的進出の大きな契
機は、ロシア革命だったが、満洲国の成立
はこの流れを一挙に加速する。その流れ
は、かつてのロシアがそうであったよう
に、強力な政治・経済力を背景としつつ、
部分的にせよ北部満洲における「日本化」
をもたらす一面も持っていた。

謙吉ノート　　　北満鉄道

　新京から哈爾濱（ハルピン）に向かう先頃匪賊の襲来をうけた北鉄南部線。車中
のボーイさんも駅員も露人で、新京以南とはガラリと気分が違う。沿
線南側一千米突（メートル）は高粱（こうりゃん）を植えさせぬという満鉄沿線とは風景もがらり
と異い、低い丘の起伏の彼方、伸びている高粱畑も見える。沿線駅に
は、護路軍の露満兵が立っている。浴衣がけの露人娘が二、三人ホー
ムをうろついたりしてる駅もあったりする。（「経済知識」）

迷彩車両

18ページで、1934年当時における満洲国の公安治安秩序が「相対的に安定化の様相を見せていた」と述べた。しかしそれは、あくまで日本本土で喧伝されたものであり、現地においては、それ以前に比しての「相対的」なものでしかなかった。3月に吉林省で発生した土龍山事件[*]をはじめ、日本や満洲国に敵対・抵抗する活動は依然として満洲国内各地で発生しており、関東軍や日本軍の指導下にあった満洲国軍による掃討戦も継続していた（一応の鎮静完了は42年）。「沿線ニ置カレタ戦車ノカモフラ‥ジュ」との書き込みがあるこの写真は、その状況の一端を垣間見せるものとなっている。

[*] 土龍山事件　土龍山の農民が日本人移民団に対して武装蜂起した事件。

国際都市・哈爾濱(ハルビン)

　1898年（明治31）、ロシアは松花江(スンガリ)河畔の小さな漁村に東清鉄道建設の拠点としての都市建設を開始する。これが哈爾濱の起源である。それは一寒村に過ぎなかった場所が、列強の政治・経済力により、近代的都市へ変貌を遂げるという、近代列強による植民地都市形成の典型の一つをなすものであった。その後、哈爾濱は、哈爾濱駅を挟む形で、その南側の新市街（ノヴ・ゴーロド）と、北側の埠頭区（プリスタン）と傅家甸（フージャデン）の三つに大別された地区を中心に発展し、吉田謙吉が訪れた当時にあっては満洲国で最大の人口（1934年末段階で約48万人）を抱える大都市となっていた。

　バロック型都市計画の影響下に建設が進み、各種官庁・鉄道などの公的施設が集中していた新市街と、ロシアを中心とする欧米商や日本商、また一部の中国商も進出していた埠頭区では、アール・ヌーヴォー様式などの西洋式建築が林立していた。他方、中国人が多く住む傅家甸では、伝統的な中国様式の商店はもちろんのこと、西洋建築の外観を模しながらも内側は中国式を留める中華バロックと呼ばれる商店も存在していた。加えて、ロシア正教をはじめとした様々な宗教の寺院も点在していた。

　他方、1917年のロシア革命以降のロシア人勢力の後退は、中国人の政治的影響力の拡大、あるいは他の欧米人や日本人の勢力拡大の契機となり、様々な国や民族が共住する哈爾濱の国際性、即ち「国際都市」としての側面をより顕在化させていった。

　この状況下で満洲国が建国され、哈爾濱はその統治下に編入される。それは、満洲国が、前述した哈爾濱に象徴される国際性に対峙せねばならないことを意味するものだったが、吉田の視線もまた、現地の日常風景を通じて、満洲国同様、哈爾濱の「国際都市」たる所以に対峙することとなっていた。

支那中国雑貨店の飾窓

ショーウィンドウ内には、「銀河雙星(そうせい)」(天の川の牽牛星・織女星)の文字と、織女とおぼしき人形など七夕伝説をモチーフにしたディスプレイが見て取れる。1920年代に入ると埠頭区の繁華街を闊歩する中国人も目に見えて増え、彼らを顧客に加える店舗も増加していく。

駅頭の大看板

吉田謙吉が降り立ったハルビン駅舎の
正面頭部には、満洲国成立後に中東鉄
道が事実上の満ソの共同経営となった
後に、満洲国側により写真にある看板
が付設された。上段に満洲国の政治ス
ローガンである「安居楽業」の文字が、
下段には「大満洲国」という文字が掲
げられ、ハルビンが満洲国に属するこ
とを顕示するものとなっていた。

謙吉ノート　　　　　　　　　ハルビン駅前

　八月十八日十四時六分ハルビン着。第一に目につくのは、駅の建
物のてっぺんに翻ってる上半分満洲国旗、下半分ソ連邦旗という染め
分けの不可思議なる旗だ。

　名刺を渡して出る改札口には、露満人の馬車、人力車が待ってるが、
奉天駅頭などに比べると大分のんびりしている。馬車は、新京のもの
と更に異り、二頭立の贅沢なのもある（二頭立でも一頭立と料金は変
わらない。感心した筆者は笑われたものである）。馬車夫は露満人ど
ちらが多いかわからない。バスの車掌さんも露婦人と満人と交じって
いるようだ。

街角の店舗　場所の特定はできないが、右側にある店舗看板のロシア語には上段に「書籍販売」、下段に「光」（店名か？）という文字が判読できる。加えて、看板の漢字は「舗書○○」（○○：判読不能）と読み取れ、当該店舗が書店だったことが推察される。ロシア語と漢字が並存する看板も、日本人にとっては「異国情緒」を喚起する表象となっていた。

ハルビン駅

ハルビン駅舎は、東清鉄道の中核駅として1903年に本格的に着工され、翌年末に竣工した。地上1階建て（一部に2階・地下1階あり）のアールヌーヴォー様式の建造物だった。その後、幾度かの増改築が施されながら、正しくハルビンの顔となっていく。なお、右写真は、中国人街である傅家甸（フージャデン）にある正陽街の景観。

イヴェルスキイ寺院の遠望

ロシアにより建設されたハルビンには、数多くのロシア正教会の寺院が建てられていた。それらの寺院の多くで採用された「ねぎ坊主屋根」もハルビンを象徴する景観の一つとなっていた。同時に、「国際都市」ハルビンには、カトリック教会、ユダヤ教会、イスラム教モスク、仏教寺院、日本神社などもあり、多宗教が並存する都市空間ともなっていた。上の写真は、遠くにハルビンを代表するロシア正教会寺院のイヴェルスキイ寺院（1908年建造）を望むものとなっている。

キタイスカヤ街で客待ち休憩をする馬車夫

キタイスカヤ街は、ハルビン最大の商業地区である埠頭区（プリスタン、道里）の目抜き通りで、吉田謙吉が「哈爾濱の銀座」とするような賑わいを見せていた。同街には、様々な国の店舗が並び、様々な国や民族の人々が往来し、国際都市ハルビンを象徴する通りとなっていた。
「キタイスカヤ」とは、ロシア語で「中国街」を意味しているが、その由来は、ハルビン建設が始まると、それに従事する中国人が同地に集住していったことにある。その地が、ハルビンを象徴する目抜き通りになったことは、ハルビンがロシア人の都市であると同時に、その都市形成において中国人も不可欠な要員だったことを象徴的に示しているとも言えよう。そして、その関係は、ロシア人が持ち込んだ文化様式の街上で、その地の居住者を運ぶ中国人車夫が居眠りをするという構図の中で象徴的に捉えられているようにも感じられる。

ロシア料理店

左奥の「1922」とある建物の入口上段と手前右2階部分に掲げられた看板の文字から、同建物2階部分が回廊型の洒落たレストランだったと推察できる。
ハルビンにおけるロシア料理店は、ロシア文化を簡単に体験できる場所として、ハルビン「名物」の一つと見なされていた。
なお、左奥建物入口下段の看板には「コルセット『エレガント』」とあり、手前右1階上部の看板には「靴」とある。

レストラン入口

立て看板の文字からレストランと思われる。なお、上写真の台紙に「キタイスカヤ街」とあり、上・下ともに同街で撮影されたと推察される。

【諏訪ノート】　ハルビンのレストラン

　哈爾濱中央大街で、街路に面した地下室のレストラン入口で、商談中らしき一景で、暗い壁面に描かれた壁を出来るだけ見せて、人物を一端に追いやって見た構図で、それによって立看板の向きや人物の配景となっている飾窓の一端などと合わせて、この人物の街路上の位置の説明をさせて見たかったのである。(「CAMERA」)

キタイスカヤ街ショーウインドー前に坐る中国人少女

キタイスカヤ街は、その街名の由来とは別に、当初、主に展開した店舗はロシア人をはじめ、欧米や日本など列強国のものだった。しかし、1920年代後半、ハルビンで政治・経済的地位を高めつつあった中国人は、同地での存在感を増していく。その中国人にとって満洲国成立に伴う日本人の大規模進出は、それまで培ってきた同地での位置に変更を加えかねない状況を意味していた。腕組みする中国人少女の表情を「深読み」すれば、吉田が切り取ったこの一瞬は、期せずして当該期の現地中国人たちが直面した状況への漠然とした不安を象徴するものと言えなくもない。

闊歩するロシア人女性

ハルビンでは、ロシア革命以前からロシア語の出版事業が広範に展開しており、文学、演劇、オペラ、交響楽団、バレエなどの文化活動が活発だった。また、ハルビン工科大学などの高等教育機関も含めて、ロシア人の教育施設が多数開設されていた。

これらの文化活動と教育システムおよび宗教施設（p67）は、現地ロシア人の、ロシア文化あるいは西欧文明の保存・継承者という自負を産み出していった。ハルビンが「東洋のパリ」「東洋のペテルブルグ」と呼ばれたのは、なにも様々な様式に彩られた洋風建造物などの都市景観だけに由るものではなかったのである。

このようなハルビンのロシア人の自負は、現地における「文明」のパイオニアあるいは伝道者との意識を、他民族に対する優越感と共にもたらすものともなっていた。この意識は、満洲国成立当初にロシア人の文化的担い手の多くが満洲から上海に移住した後も、現地のロシア人の中で持続されていた。そのようなハルビンのロシア人の意識を反映するものの一つが、ロシア人女性の服装だった。彼女たちの多くは、パリ直輸入のファッションを身につけ、中国の国際都市上海のファッションを身につけることは稀だったという。それは、吉田謙吉が「経済知識」の視察記で、満鉄広報係の石原巌鉄の言として記録しているハルビンの中国人ファッションに関する「上海文化は大連から上っても、奉天新京を素通りして哈爾濱に行くのだ」という考えと比較する時、上海で一定の中国化を被ったものではない言わば真の西洋文化のハルビンにおける担い手は、ロシア人以外にいないというロシア人自身の強い誇りを窺わせるものともなっている。

埠頭区「道街」歩道上の露天商

埠頭区では、キタイスカヤ街のような南北に通る「街」と、石頭道街のように東西に通じる「道街」が格子状に交わる形で道路網が整備されていた。写真の正確な場所は不明だが、道街の一角と推察される。手前露天商の道路側に「停○（馬？）車場」とあり、今で言えば「タクシー乗り場」にあたる場所と窺える。

広告塔とハダカで遊ぶロシア人の子

円筒の広告塔は、ヨーロッパで広く見られるものだが、ハルビンの名物景観の一つとなっていた。円筒には、オペラ、演劇、バレエなどの興業関係の広告が貼られることが多かった。この円筒にあるロシア語は判読不明な部分が多く、正確なところは不明であるが、部分的な単語（「グランド・レビュー」「踊る」「引き裂かれた家族」など）からバレエか演舞あるいは演劇の広告と推察される。

額縁屋の扉

謙吉のメモには、額縁屋とあるが、扉上部と窓下の看板には、「こちらで巾内電車に掲示する広告を承っています」とあり、広告代理業も兼ねていたと推察できる。

キタイスカヤ街のベンチで歓談するロシア人たち

1934年12月段階におけるハルビンでロシア人と総称された人々（民族的にはロシア、ユダ
ヤ、ポーランド、ウクライナ、アルメニア、ドイツなど多岐にわたる）の国籍は、ソ連国
籍（多くはソ連成立後に中東鉄道職員などとしてのソ連から移住した者で約2万人。ただ
し、その大半は北満鉄路の対日本売却を契機にソ連に帰国）、無国籍（ソ連成立後もソ連
国籍を取得しないロシア人。大半は革命以前からのハルビン居住者か、革命に反対したロ
シア国内からハルビンへの移住者で約3万4千人）、中華民国籍（ロシア革命後とりわけ中
東鉄道が中ソ合弁になったことを契機に中華民国籍を取得した者で若干名）に大別され
た。
国籍別の人口は資料により異なるが、各集団は相互に一定の緊張関係を孕みながらも、連
関しつつ大枠としてのハルビンのロシア人コミュニティを形成し、満洲国成立後も現地社
会で一定の存在感を持ち続けていた。
満洲国は、1934年末に「白系露人事務局」を開設し、ハルビンを中心とする満洲国内のロ
シア人の要求に対峙・統制を試みていく。写真は、そのようなロシア人に対する制度的な
枠組みが登場する直前の、ロシア人コミュニティの歓談風景を切り取ったものと言えよう。

舗道のベンチ

　特徴とされるところは舗道の車道よりに置かれてあるベンチであろ
う。全キタイスカヤ街を通じて百個に近いはずだが（別に街角に三間
四間の大型のものもある）何れも時間的変化はあろうが商談休息、読
書等々なかなか有効に利用されている。勿論露人に限らず、ときには
日満目白押しの国際的縮図も見られる。（「経済知識」）

歯科医院前のロシア人の子供

ハルビンには、ロシア革命により身分や財産を失い、貧困生活に陥っていた無国籍ロシア人も多くいた。その多くは埠頭区西側隣接地の湿地帯だったナハロフカに居住し、犯罪などの社会不安の要因にもなっていた。上写真の子供たちの階層は不明だが、p71の子供と比較すると、豊かな社会層に属しているとは想定しづらい。

モストワヤ街

モストワヤ街は、ウチャンストコワヤ街と共に早くから日本人が進出した地域で、キタイスカヤ街と並ぶ埠頭区を代表する繁華街の一つとなっていた。写真は、右写真と同じ場所で撮られたもので、右写真の看板から背景の建物が「歯科医院」であることが分かる。またロシア語と漢字の看板から、対象患者がロシア人と中国人だったことも窺える。

謙吉ノート　　　　仲良しの子供たち

　二人の中国人少女とロシアの子供たち。謙吉は、戦後に発行した雑誌「CAMERA」で、p69の写真と上写真を掲載し、背景のポスター及び看板の文字について述べている。（編集部・記）

　「(p69の) 満人の子の方の背景にはロシア字のポスターを取り入れ、こちらには漢字とロシア字との看板を見せることができたのは、哈爾濱へのいささかものタイトルとはなっているわけだ」（「CAMERA」）

キタイスカヤ街のショーウィンドウとベンチ

キタイスカヤ街に続く大小のショーウィンドウに飾られた欧米の品々、各所で目につくロシア語、中国語などの多言語、日本では珍しい多数のベンチとそこに憩うロシア人たち、これらはハルビンを象徴する名物であり、上の写真は、それらをセットにして捉えた一枚となっている。

マニキュアを塗るロシア人女性

ロシア革命後、ハルビンにおけるロシア人の政治・経済・社会的地位は低下していくが、34年当時においても、ロシア人の経済的富裕層は数を減じながらも存在した。キタイスカヤ街には、そのロシア人富裕層たちの求める、フランスのファッションを中心とする洋服・雑貨・化粧品などを販売する店舗が数多くあった。

小店舗の出窓

キタイスカヤ街には出窓を利用した小店舗もあり、左の写真の台紙書込には「ソーダ店」とある。夏のハルビンでは、「クワス」と呼ばれる、ロシア全土で広く飲まれていたライ麦と麦芽を醗酵させた微炭酸水の販売が、風物詩の一つとなっていた。

奉天とハルビンの中国人女性

左の写真は盂蘭盆会（p46-47参照）に向かう奉天の中国人女性を、右の写真はハルビンの
キタイスカヤ街を闊歩する中国人女性を、それぞれ撮影したもの。この二枚からは、両都
市の中国人女性のファッションの差異を見て取ることができる。吉田謙吉は「経済知識」
誌上で、ハイヒールを履きこなすハルビンの女性に「最も欧風化した姿」を見出している。

⬚謙⬚吉⬚ノ⬚ー⬚ト　　　　　　　　　　尖端の衣服

　満洲服の尖端と言えば、シロートクロート通じて洋装で言うところ
の高襟（ハイネック）で、体躯にピッタリとしたワンピースで、その
裾は長く左右のヒザ上から裂いて脚をのぞかせるのである。で、その
脚たるや、ノーストッキング乃至ソックスばきということになるの
で、奉天における内地人のダンサー中にも大いに心得て着用している
向きもあるが、実はもう一シーズン進んだものは、このワンピースの
旗袍*（上衣）の下に褲子、即ちズボン様のものを穿く方が更に尖端と
されてるそうである。（「経済知識」）

　　　　　　　　　　　　　　　　　　＊旗袍　チャイナドレス（編集部・記）

75

ロシア人女性車掌

p73でも述べたが、無国籍ロシア人の中には生活が困窮する者も多かった。その状況の下、それまで以上の多くのロシア人女性たちが、生活の糧を得るために現地社会に出て何らかの職業に就くようになる。ハルビン住民の日常生活にとって、人力車、馬車、路面電車にならぶ、貴重な「足」だったバスの車掌もその一つだった。

写真の台紙には「前景ハ アコーディオンを肩にしたる乞食」の書き込みがある。ハルビンの貧困をもたらす路上職業景観を切り取った写真となっていることが窺える。

 ロシアの車掌さん

　　キタイスカヤ街を行くバス。その背後の乗降口にぶら下がってゆく露婦人車掌さんをキャッチしたものだが、幸い、前の後ろ姿*を入れることが出来たものである。（「CAMERA」）

＊前景のアコーディオンを肩にした男性のことを指すと思われる。（編集部・記）

闊歩する中国人女学生

1920年代以降、中国の初等・中等教育は、相対的ながら大きな進展を見せており、ハルビンも例外ではなかった。写真の女学生の制服は、p35で吉田謙吉が指摘した特徴と異なるが、そこにはp70の石原の言にある上海の影響を見てとれる。他方、女学生が張学良時代の「踏襲に過ぎぬ」短髪であることは、後述するハルビンにおける中国ナショナリズムを考える上で興味深い構図となっている。

傅家甸のジンタ
<ruby>傅家甸<rt>フージャデン</rt></ruby>のジンタ

ロシアによるハルビン建設における現場労働は、「苦力」と呼ばれた中国人たちにより担われていた。彼らの大半は、山東省をはじめとした中国本土からの出稼ぎ民だったが、そのままハルビンに定住する者たちもいた。

彼らは、埠頭区東側の松花江河畔に集住し、中国人集落を形成した。同地は、東清鉄道附属地の外にあったことから、清朝政府の管轄下に置かれた。清朝政府は、1907年に同地を含む地域の行政を管轄する濱江庁（中華民国成立後は濱江県に改組）を設置すると共に、同地を傅家甸と正式に命名。09年には市街が建設され、中国人労働者たちや鉄道附属地内の外国商を相手とした中国商も軒を並べるようになり、ハルビンにおける中国人商業地区としても発展していった。

写真は台紙メモから、煙草の売り出しを街頭宣伝するジンタ（少人数の楽団）の様子を撮影したものと分かる。傅家甸における中国人の旺盛な購買力の一端を窺わせる一枚となっている。

傅家甸正陽街の風景

前述してきた通り、ハルビンには、ロシア統治の東清（中東）鉄道附属地と清国（中華民国）統治の傅家甸という、二つの異なる国家権力が、社会・経済的には相互に連関・依存しつつ併存していた。しかし、ロシア革命を契機に、ロシア側の統治権は徐々に中国側に回収されていき、1926年になるとロシアの統治権を継承していたソ連は都市統治権限を事実上失うこととなった。それは同時に、ハルビンにおける中国人の台頭を意味するものだったが、それを象徴したのが、傅家甸市街の整備の進展だった。その中心となった正陽街では、p62でふれた中華バロックと称される類の西欧風の建造物が軒を並べ、25年には街路の舗石舗装が完了するなど、附属地を彷彿させる街並みが出現していた。ハルビンの中国人たちは、独自の感性と方法により西欧文化と伝統的中国文化の融合を図ることで独特の近代中国文化を形成し、それをもって附属地に対峙しつつあったのである。

その意味で、吉田健吉が「経済知識」誌上で正陽街をして「満人（中国人を指す―筆者註）街として気を吐いている観がある」と評していたのは、的を射たものだったと言えよう。

なお上掲台紙左下の写真は、1929年建設の平安電影院（建設当初は中央大劇院）で、入口上部に中国本土で活躍していた蔡楚生監督の「粉紅色的夢」（1932年聯華影業公司製作）の看板がかかっている。

のぞきカラクリに集まる中国人たち

　p79で述べた中国人街の発達は、ハルビンにおける中国人人口の増大と同時に、当地の中国ナショナリズムの興隆と並行する一面もあった。それが顕在化したのが張学良地方政権統治時代（1929-31年）である。張学良地方政権の否定と「五族協和」を標榜した満洲国において、中国ナショナリズムの払拭は重要な政治課題となった。その意味で吉田謙吉が、張学良時代と異なる「ネオ満洲齬」の育成に言及（p35）しているのは、穿った見方かもしれないが、満洲国の独自性と正当性を如何に確立するのかを比喩的に述べているとも読み取れるし、吉田が数多くの現地中国人の姿を撮影しているのも、それを確認しようとする一面もあったのではないかと思ってしまう。
　写真の場所は、台紙のメモから、傅家甸の歓楽街として名高かった薔芳里と呼ばれた区域と推察される。なお、「のぞきカラクリ」は、箱中にある絵や写真を箱前方の眼鏡から覗き見る装置で、当時の街頭娯楽を代表する一つだった。

　　　　　　　飾り窓の鏡

　ちょっと余興に属するが、キタイスカヤ街食料品店の飾窓の中の鏡
に向かっての筆者の自画像、車道を越えて向かい側のベンチも見える
アリバイの反対のものだ。(「CAMERA」)

炭都・撫 順

　吉田謙吉が訪れた撫順は、中国側の県城とは別に、満鉄直営の撫順炭鉱と共に発展した都市だった。撫順が「炭都」と呼ばれる所以でもある。

　撫順炭鉱は1901年（明治34）の中国人による開発が始まりで、日露戦争中にロシア側に採掘権が移るも、日露戦後日本側が採掘権をロシア側から引き継ぎ、1907年満鉄の直営となり、以後大規模炭坑として発展を遂げた。1934年（昭和9）当時にあって、東西16km、南北4km、面積6万㎡の鉱区を持ち、露天掘りと坑内掘りの両方があり、年産量約700万トン、推定埋蔵量9億5千万トンをほこる、東アジア屈指の炭鉱だった。他方、撫順市街地は、当初満鉄撫順支線千金寨駅を中心に建設・発展した。しかし、同地にあった露天掘りの古城子鉱区の拡大に伴い、同地を放棄し、北東約5kmの渾河に近い場所に新たな市街を建設し、1924〜29年の6年間をかけて移転した。以後、撫順は同地でさらなる発展をとげていく。

　また、撫順は、満洲国視察で奉天に赴く日本人の多くが、奉天から足を伸ばして訪ねる都市でもあった。それは、奉天から満鉄撫順支線で1時間程度という気軽さもあったが、なにより露天掘りに象徴される採掘現場の雄大さが、躍進する満洲国を象徴する一面を持ち、満洲国視察にうってつけの景観を提供していたからであった。これと同様の認識が、吉田謙吉の同地訪問にもあったことは十分推察できるが、その視線は採掘現場の中国人炭鉱労働者にも向けられていた。それは、いわゆる炭坑夫としての肉体労働に勤しむ日本人がほとんどいない中で、炭鉱経営の基底業務が「工人」（「苦力」と呼んでいた中国人労働者を1919年以降「華工」としたが、満洲国成立以降「工人」となっていた）と呼称された中国人労働者によって担われている現実を明らかにするものともなった。

渾河

撫順市街側（おそらくは東公園）から渾河と永安橋および対岸の眺望。当時の渾河は、遼河の支流で吉林省との省境を水源とし、奉天を経て遼河に合流していた。渾河という表記は、満洲語の発音を転写したもので、永安は市街地移転に際して日本側が命名した地名である。

露天掘りの採掘場

石炭を運ぶ巨大なベルトコンベア。「経済知識」には撫順訪問時の謙吉の所感は記されていない。だが、残された写真から、謙吉が、巨大な機械に、他の地域で必ずしも十分看取できなかった満洲国の鉱工業国家としての一面を、象徴的に見出していることを推察できる。

露天掘り炭層

撫順炭鉱では「階段式」と呼ばれる採掘方法がとられた。
日本には撫順炭鉱に匹敵する露天掘り鉱山はなく、その景
観は撫順の名物となっていた。写真は、撫順最大の露天掘
り地区、古城子炭坑の底部を臨んだもの。

エキスカベーター施設背面

露天掘りでは、砂利や頁岩などを剝土・剝岩しつつ炭層か
ら採炭する。この作業に導入されていたのがエキスカベー
ター、スティームショベル、捲揚機などの重機。写真は、
炭坑最上段に設置されたエキスカベーター施設の背面。

エキスカベーター施設側面

撫順炭鉱では、様々な重機の導入
などによる採炭作業の一部機械化
＝「近代化」が図られていた。そ
して、露天掘りの現場で露出され
た重機は、この「近代化」を視覚
的に象徴するものとなっていた。
その意味で、大型重機の壮観を撮
影した左の写真は、「近代化」を
指向する撫順炭鉱、更には「満洲
国」を象徴する一枚となっている。

露天掘りを臨む中国人労働者たち

撫順炭鉱の露天掘りでは、左ページで述べた通り、重機導入などの機械化が図られていたが、採炭作業それ自体は、中国人労働者（工人）の肉体労働に依拠したままだった。撫順炭鉱は、露天掘りで有名だが、坑内坑での採炭も行われており、多くの中国人労働者が、地滑り崩壊、落盤、出水、自然発火・爆発などの事故の危険と隣り合わせの中で、採炭に従事していた。

撫順炭鉱の労働力構成は複雑で時期によっても異なるが、大きく分けると職員、雇員、傭員に分けられ、傭員は更に「常備方」（時間給）と「常備夫」（出来高払い）に分けられていた。吉田が訪れた1934年段階における、撫順炭鉱の関連施設を含む在籍従業員数は、中国人が30,594人、日本人が3,834人（この他、在籍外の中国人労働者もいた）で、中国人労働者の大半は、傭員（「常備方」11,028人、「常備夫」17,013人）だった。そして、中国人傭員の大半が、採炭現場の労働に従事していた。写真右奥の高い柱状のものに登っている人物の具体的な様子はハッキリしないが、「満洲国」の「鉱工業」や「近代」を象徴する撫順炭鉱の厳しい労働現場を「見下ろす」所に中国人労働者の「後ろ姿」を置くという構図は、そこでの吉田の意図を考えると興味深い一枚となっている。

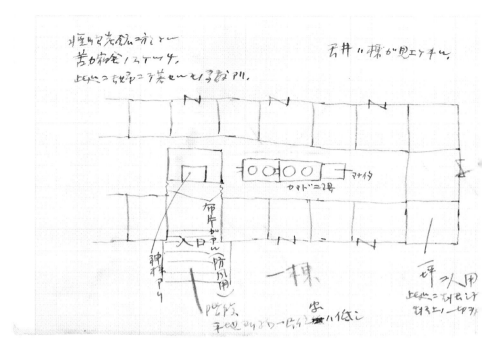

中国人労働者の生活空間

p85で述べた通り、撫順炭鉱の採炭作業は中国人労働者によって支えられていたが、彼らは少しでも条件が良い方へ移動する傾向にあり、その安定的確保は炭鉱経営上の極めて重要な懸案となっていた。この懸案への対処策の一つとして炭鉱経営側（満鉄）により実施されていたのが、中国人労働者たちへの社宅（宿舎）提供だった。

中国人労働者の宿舎

当初社宅の大半は単身者で占められていたが、やがて相対的に移動率の低い家族持ちの利用が増加していった（1934年段階の利用状況は単身が367棟、家族持ちが445棟）。左は、この社宅群で、同様の外形を持つ中国人社宅は大連にもあり（一例をあげれば、満鉄系列会社の福昌華工株式会社の「碧山荘」）、当該期の満鉄の中国人労務管理の一端を示す一枚となっている。

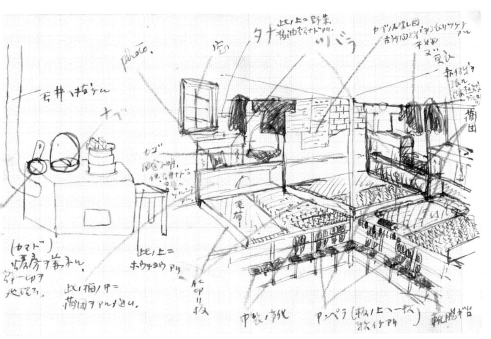

宿舎内部のスケッチ

撫順炭鉱の中国人労働者用社宅内部を、吉田謙吉が詳細にスケッチしたもの。同様の記録は大連などに比して相対的に少なく、歴史的史料としても価値のあるものである。

その細部にわたる記録のあり方は、「考現学」を提唱した一人である吉田の面目躍如であると共に、舞台美術家としての一面も強く反映している。舞台美術を、舞台に置かれる物品や配列のありようから「世界」を表現するものだとすれば、逆に、ある空間における物品の種類や配列から「世界」を読み取ることも可能ということになる。そこを敷衍していけば、中国人労働者の「あるが儘」を自らの課題とした吉田にとって、彼らの日々の暮らしの基底を支える居住空間のあり方を詳細に辿ることで、そのまま彼らが生きる「世界」を摑み取り出せると考えたとしても不思議ではあるまい。もちろん、その当否は吉田研究の専門家による判断を待たなければならないが、上掲の詳細なスケッチからは、単なる好事家という以外の理由も欲しくなるというのも正直なところである。

籍外中国人労働者たちの住まい

この写真の台紙に「苦力ノ宿舎」との書込があることから、これも中国人労働者の住まいと考えられる。しかし、その簡素な作りから、住人は撫順炭鉱などに在籍しない、請負工などの籍外中国人労働者だったことが推察される。左ページ写真の社宅と比較する時、中国人労働者内における格差を示す一枚となっている。

撫順製油工場

撫順では、石炭に関連する様々な工業も展開していた。その中でも特に注目されていたのが、多量の剝土に含まれる油母頁岩（オイルシェール）を利用した製油工業だった。油母頁岩工業化の研究は、1920年から満鉄中央試験所の協力を得て開始され、30年には製油工場の操業が開始され、34年には大規模な拡大計画も実施に移されていた。同工場は、日本独特の「内熱式乾留法」という精油技術を採用していたこともあり、日本の高い技術水準を喧伝する象徴となっており、撫順視察の目玉の一つになっていた。

2
章

1939年　春

南支篇

解説・小池聖一

海南島に停泊するジャンク船。吉田謙吉がファインダーにとらえた船とアヒルの列、
2つの列に挟まれた島民らしき人々。ありのままだが、味わいある1枚。

＊「南支」は中国広東省、福建省など、海南島を含む地域呼称として、敗戦までの日本で使用された。
ここでは歴史的用語として使用した。（編集部・記）

「南支」—南方への進出拠点

　香港・澳門をふくむ広東省、福建省、海南島を含む地域を、日本は、
敗戦まで「南支」と呼んでいた。

　日本との関係からは、海流の関係で福建省との関係が近く、そして、
強い。近世の倭寇による密貿易の相手は、福建人であったし、近代に入
り日本に渡った華僑も福建省出身者が多い。このため、近代日本による
対中国進出の拠点の一つは、福建省だった。他方、香港・澳門・広東省
は、イギリス領香港が経済圏の中心にあることから、欧米、特にイギリ
スの勢力範囲にあると認識されていた。

　吉田謙吉の『南支風土記』が書かれた背景にも、日本とのなじみが強
い「満洲」と違う中国という観点が前提にある。それだけに『南支風土記』
が同地の紹介をかねた内容となるとともに、上述したイギリスの存在を
念頭に、現地の建物や風俗に対する「半洋半支」、「洋七支三」という評
価にもつながっている。同時に、その建物・風俗が、近代化に成功した
日本と対比しつつ、西洋の未消化文化であると断じる背景ともなってい
た。

　一方、日中戦争を機に、中華民国国民政府（蔣介石政権を指す。以下、
同様）の打倒という観点から、同政府への欧米列国の援助ルート遮断の
ため、南支は、日本にとって重要な戦略拠点となった。同時に、南方の
資源開発と、石油資源獲得という、さらなる南方への進出という「南進」
の拠点ともなっていた。

　この動きが、仏領インドシナ（ベトナム）への進出につながり、資源
獲得という点で、日蘭会商（日本とオランダ領インドネシアとの石油を
めぐる交渉）となり、同時に、太平洋戦争の導火線ともなったのであった。

海軍の自動車に乗り込む吉田謙吉。
胸には愛用のライカがある。

南シナ海のジャンク船

中国の木造帆船。蒸気船が普及した19世紀以降、衰退したが、
10世紀以降、大型の外洋航行用のものまでつくられ、中国の
海洋発展に寄与した。
吉田謙吉らが訪ねた1939年ころは、主に沿岸交易などで用い
られていた。このため、日本国内から向かった吉田謙吉には、
ジャンク船により「いよいよ陸地が近づいて来たのだ。大陸
の地が―。」(『南支風土記』)と感じさせたのであった。

『南支風土記』

吉田の著書『南支風土記』は、
1940年 (昭和15) 5月、大東出版
社から出版された。同年は、「皇
紀二六〇〇年」。序文は、大本
営海軍部報道部長・海軍少将・
金澤正夫が書いている

厦門―上陸、大陸への第一歩

　厦門は、台湾海峡を隔て、福建省南部の九竜口河口付近に位置し、厦門島や鼓浪嶼島（コロンス島・世界遺産）などの島嶼部も含む港湾都市であり、中国（中華人民共和国）の五大経済特区の一つとなっている。台湾に近接しているため、台湾（中華民国）の実効支配下にある近接する金門島や小金門島では、1958年から、台湾と中国との間で激しい砲撃戦が行われ、1979年まで続いた（金門島は、1992年、中国が三通政策〈通商・通航・通郵〉へ転換して以降、現在は、中国との交流拠点化している）。厦門は、多くの華僑を送り出した地であり、現在もアジア各国との交流拠点となっている。

　1938年（昭和13）5月20日、厦門は南支を担当する日本海軍・第五艦隊によって攻略され、第三根拠地隊が設置されて軍政下に置かれた。厦門は、海軍にとって海上封鎖戦の要となる重要拠点であった。

　吉田謙吉は、万国共同租界が置かれ、2017年に世界遺産となった鼓浪嶼島を「ルネサンス風の建物が点々と積み重つて居り、まるで大まかな南画風の岩に、油絵で西洋館を克明に描きこんだような、まことに奇妙な調和を見せている」と評している。また、「大陸への第一歩」を記した厦門で、吉田は「貪るやうにあたりの景色を見廻し」、多くのスケッチをものにしている。宿泊した旅館の家具様式には「内地では二十数年前に流行したセセッション様式のエナメル塗だ。そうだ、私は、私の忘却の煙幕の中から、思いがけなくあらわれ出たこの古風なスタイルに接した思い」をし、攻略戦跡とともに、中国人捕虜の「獰猛な面構へ」にも接している。また、亭仔脚様式建物＊を初めてみた謙吉は、越後路の雁木造りとの「偶然の一致を面白く思」つたりしている（『南支風土記』）。

＊亭仔脚様式　各商店の1階部分を連続させてアーケードとして歩行空間としたもの。p123写真参照。

厦門街頭採取

吉田は、一人で歩いた街なかで、「復興舞台」と群青色で書かれたカンバンをかつぐチンドン屋、お葬式の大行列と遭遇してお坊さんの服装と「グロテスクな」と大きな棺に着目。ミカン箱大の南京ねずみの箱に「その器用な工芸的興趣にそそられて眺め」(『南支風土記』)たりしている。

広東作戦

広東とは、本来、現在の広東省をさすが、日本では都市名である
広州と混同して使用されることがあった。アヘン戦争では、一時イ
ギリスに占領され、1911年に辛亥革命の導火線の一つとも言える黄
花崗起義（第二次広州起義）が起き、24年には、国共合作の地とな
るなど、中国近代史の主要舞台の一つとなっていた。

日中戦争の開始後、広東は、中華民国国民政府への欧米援助物資
輸送拠点だったため、日本軍の攻略対象となった。攻略作戦は、南
京攻略戦の前に計画されていたが、パナイ号事件*などが発生し、
英米との関係悪化を恐れた海軍の申し出で中止となっていた。しか
し、武漢攻略戦と連動させた広東作戦が、陸海協働作戦とし実行さ
れ、日本軍は、1938年10月9日台湾を出発、12日上陸作戦開始、抵
抗を受けることなく、21日に広東を占領した。

中華民国国民政府への援助ルートの一つは切断されたが、同政府
は崩壊することはなく、同年11月3日の近衛首相による東亜新秩序
声明をへて、日中戦争は長期持久戦へと移行することとなる。

＊パナイ号事件　1937年12月12日、揚子江に碇泊中の米国アジア艦隊砲艦「パナイ号」
を日本海軍機が攻撃沈没させた事件。（編集部・記）

**広東、中山記念堂における
広東治安維持会成立の日
の盛況**

1938年12月20日、中山記念堂に
おいて広東治安維持会が設立さ
れた。治安維持会は、同年12月
4日の広東市婦人治安維持会の
結成が発端であり、広東自警団
の設立を経て、治安維持会へと
進んだ。治安維持会成立後、中
山記念堂は、テロにより出火し
ている。

広東街頭採集

国際都市広東ならではのカップルや「モボ（モダンボーイ）」がいる。バナナ片手の少年は、南国であることを示し、生活に密着したトイレやごみ箱にも着目している。日本占領下であるため、「巡査」の提灯や「親日防共」の看板もあった。一枚のスケッチに、広東の街が凝縮されている。

七十二烈士墓碑

　1894年に孫文は、興中会を組織し、1905年、中国同盟会に発展させた。この中国同盟会が中心となり、1911年4月27日、広州で武装蜂起を行ったが失敗（黄花崗起義）。多くの革命家が亡くなった。そのうちの72名が黄花崗と呼ばれる地に埋葬された。その後、10月10日の武昌蜂起を機に、辛亥革命に発展、1912年1月1日、孫文を臨時大総統とする中華民国が成立した。

　この72名の革命家が埋葬された地をのちに整備したのが写真の七十二烈士墓である。その墓碑を吉田謙吉は、「青天白日章を載せ、比較的きゃしゃな圓柱に囲まれた墓碑がある。門と云い、この碑と云い、何れも奇妙な様式の中にしらじらとして建っている」、「だが、一面その様式の中には、バカげているかと思うと油断のならぬ繊細さがあり、不消化とはいえ、文化的価値はともかく、様式そのものがアッピールする何かを持つている事だけは確かだ」としている。

　写真では、青天白日章が72名の名が記された石を積み重ねた紀功坊の上にあるが、現在は自由の女神像に置き替えられている。

　吉田の眼は、「七十二烈士の墓碑の傍の、一段低まった処に、相思樹が軽い葉をつけて茂っていた」（『南支風土記』）にもとまっている。

笑う子供たち

カメラを向ける吉田に、満面の笑みを見せる子供たち。耳まである中折帽子、ダブダブの背広。上衣に両手を突っ込む姿を、吉田は「妙にこまっちゃくれている」（『南支風土記』）と記している。

煙草を吸う少女

蛋民（たんみん）の子供たち（上写真も）。蛋民は広東省、福建省、香港など華南の沿岸地域や河川で生活する人々。まだ小さい女の子がタバコをくわえている。

⟨謙吉ノート⟩　　　　　　蛋民の子供

　支那人の子供達は、いったいにませているのだが、特に蛋民の子供達はとてもませている。小っぽけな女の子が、スパスパとうまそうに煙草を吸ってる。聞くと十一歳だという。（『南支風土記』）

黄埔の水上生活

珠江沿岸の「蛋民（たんみん）のかまぼこ形の屋根船に丸太の足をつけ足してその儘水の中に建てたような」家を、吉田謙吉は、「幌馬車」に、また、その全容を「ファブルの昆虫記を思い出し」つつ密集した昆虫になぞらえている。そして、家を通じて「水と船から離れられぬ」蛋民に、吉田は「何かいとほしい心持」を抱いたのであった。（『南支風土記』）

謙吉ノート　　　　　　　　　　**蛋民の住家**

　軍官學校から少し離れたもの寂しい黄埔（ホワンプー）の部落を見にゆく。内地の極めてへんぴな漁村と云った程度だ。（中略）この部落と軍官學校との丁度中間、珠江部落の水たまりのようにじめじめした一劃に、蛋民（たんみん）の家がひっそりと並んでいる。それは丁度、蛋民のかまぼこ形の屋根船に丸太の足をつけ足してそのまま水の中に建てたような格好なのだ。気取って云えば、ジプシーの幌馬車のようだとも。それにしても、いくら水の中に棲む民族だとて、こうまで水を離れずにいなければならないものであろうか。私はこの家を見て途端に、ファブルの昆蟲記を思い出した位だ。水と船から離れられぬ事、それは漢民族の生れながらの習性の如きものなのであろうと思い、苦笑を禁じ得ず、かつは、何かいとほしい心持さえした。（『南支風土記』）

船がわが家

蛋民は、全生涯を船の上で生活する水上生活者であり、船上人ともよばれる。漢民族に属するとされるが、風俗、習慣は漢民族と異なる一面をもつ。

吉田は、ホテル五階の窓から、眼下に広がる珠江の四分の一位を埋め、「肩を擦り合わせているようにしてぎっしりと重なり合って」いる蛋民の船を眺めた。「かまぼこ形の屋根にある民家」のような船は、お互いせまい板の桟橋が渡されていた。その細い桟橋を通って野菜を運び、船から船へと物を売る人々。吉田は、その細い桟橋が両岸を結ぶ橋とも見て取っていた（『南支風土記』）。

海軍が開設した小学校

蛋民の子供たちのための小学校。蛋民の食事は1日2食なので、朝早い登校では空腹となる。そのため遅い朝食をとってから登校した。

謎言ノート　　海軍防備隊附属長洲小學校

　軍官學校の向い側、すぐ珠江沿岸に臨んで、この部落の子供達のための、我が海軍防備隊の手によって開かれた長洲小學校がある。

　三つ四つの教室を持った二階建ての簡素な洋館で、校門の生垣には、白い蔓ばらのような花が、いっぱいやさしく美しく咲いている。

　センセイは目下海軍通訳の○○○氏が軍務の傍ら熱心に教鞭をとっているのだ。

　セイトは、挿図のスケッチがこの日の全部であったが、部落民は貧しく一日二食なので、セイトは朝早くから登校したのではおナカが空くので十時始まりの五時引けだという。

　目下は、国語、書き方、算術、體操だけだが、近く図画もやり始めたいという。（ぜひそうして下さい、そうなったら内地の子供の図画をきっと送りますと私は先生に約束した。）（『南支風土記』）

「センセイ」と「セイト」

吉田謙吉がひとりの子に名前を聞くと「リカントウ八歳」。吉田は似顔絵を描き、その字を書いてもらった(右絵)。このあと「セイト」達と記念撮影をとっている。

謙吉ノート　　　　　　　　　　學校の子供たち

　セイトは八歳から十四五歳まで。この学校に来ている子供は比較的裕福な家の子だという。服装はまちまちだが、顔つき眼いろなども素朴のようだ。

　私が一人の子供の顔をスケッチして見せてやり、名前を書かせたら、李鑑濤八歳と書いた。続いて曾紀釗十四歳、曾廣洪十一歳などと書いた。○先生にお願いして優秀なセイセキ二三枚をいただき、子供達の中に入って一所に記念撮影をした。(『南支風土記』)

広東、南国酒家

舞台装置家として紹介されて訪れた南国酒家は、吉田謙吉にとって「南支独特の洋支混交文化の、これまた、かなり洗練された方の好サンプル」であった。南国酒家の各部屋は、「全く別な窓枠の形や装飾を持っていて、装飾のモティーブもかなり豊富」であった。(『南支風土記』)

南国酒家の姑娘(クーニャン)

広東の日本料理店

日本軍が占領した広東には、急ごしらえの日本料理店もできていた。広東日本料理店の「粋」は大陸風であり、人家を改装した店には「率直な図案」のステンドグラスがはめられたままであり、室内も畳敷に改変されたものであった。無理やりつくられた床の間には、「ベニヤ板張の三尺ばかりの置床がしつらえられ、花鳥書の軸などか掛っている」。吉田は、「私は洋支不消化文化などとらわれない心持で、見廻したのだった」(『南支風土記』)。写真の女給さんも、どこか不消化な感じがする。

広東のドロボウ市場

区域が食物関係と道具類その他に二分されており、吉田謙吉はこう述べる。「道具関係の方はどんなものがあるかというと、勿論これも細目にわたって調べるなら、これだけで厖大な考現学をものさねばならぬ事になろうが、大別して、骨董類、日用品類、衣類とすることが出來よう。」しかし、その種別は「骨董に見えても、日用品とのけじめがハッキリしない」「骨董品として売っているのだが、これとて、自家用として使っているものとの区別はハッキリしないものもある。そうかと思うと、売品の椅子にでも平気で腰かけている。その辺のけじめは実に曖昧なのである。」とも述べている。(『南支風土記』)

海南島の占領

　海南島（現在は、中華人民共和国海南省）は、南シナ海、広東省
雷州半島を、瓊州海峡をはさんで南方に位置する。東西約300km、
南北180kmの島である。

　1937年（昭和12）7月7日の盧溝橋事件に端を発する日中戦争が長
期化するなか、陸軍の「北進」（満洲国建設）に、「南進」をもって対
抗した海軍の主導で日本は、1939年2月10日、中華民国統治下の海
南島を占領した。占領後、海南島全体の政務処理機関として海口に
現地陸海軍および外務省派遣機関による海口連絡会議（三省連絡会
議）が設置された。この連絡会議のもと、各地で治安維持会の設立
がめざされ、1940年7月17日には、傀儡政権・瓊崖臨時政府（趙士
桓主席）が設立されている。吉田謙吉たちが海南島を訪れたのは、
占領直後の1939年3月のことであった。

　謙吉らが最初に訪れた南部は、占領作戦を海軍単独で行い、第四
根拠地隊（1941年4月10日、海南海軍警備府に昇格）を三亜に置いて
直接軍政下にした（海軍は、「軍政」とはいわず「民政」と称した）。
海軍は南部を直接勢力下に置き、「南進」の拠点化を進めるとともに、
第五艦隊情報部長（特務部長、後に政務部長）を瓊崖臨時政府の最高
顧問・三省連絡会議の中心にすえて、海南島を実質的に支配した。

　海南島の占領政策は、中華民国国民政府への補給ルート遮断と、
良質な鉄鉱石を中心とする資源開発（田独鉱山・石碌鉱山）および
熱帯特産品の農業開発を主眼として行われた。農業開発は、不在地
主の土地をとりあげて官営地とし、開発会社を通じて日本人移民に
よって行われた。太平洋戦争で連合軍の日本侵攻ルートから外れた
海南島は孤立し、鉱山も1945年に入ると採鉱中止となっている。海
南島は、自給自足体制の強化を行うなかで敗戦を迎えた。

海南島上陸スタンプ

吉田は、海南島を「ジャングルの島」、「大蛇のうようよ棲む」という
イメージを持っていたが、その島影は、「まるで歌麿美人がうたたね
をしているような、なだらかなスカイラインを描」くような美しいも
のであった。吉田ら一行は、海軍根拠地隊のいる南部の三亜から海南
島に上陸した。(『南支風土記』)

吉田ノート　　海南島遠望

　いつの間にか、水平線の彼方に、待望の海南島は、もうかなり大き
な姿を見せていた。ジャングルの島、尻尾の生えているという苗族(ミャオ)や、
大蛇のうようよ棲むという島、——攻略の当初伝えられた子供だまし
のような話に、私は好奇心を押しやってはいたが、それにしても、こ
んなすんなりした島の姿などは思いも及ばなかった。

　まるで歌麿美人がうたたねをしているような、なだらかなスカイラ
インを描いている島影、その山裾には、続いては消え、消えては続い
ている五分刈の頭髪のように揃っている暗緑色、そうだ、あれが椰子
林にちがいない。私達は甲板にもたれながら、近づいて来る島の姿を、
吸い込まれるように凝っと見惚れていた。(中略)

　われわれは、タラップの近くで、彼方に見える島への勝手な想像を
巡らせながら、上陸を今か今かと待期していた。だが、われわれの誰
もが、このうたたね姿の島影を一目見るなり、攻略当初の子供だまし
のような話を、それに結びつけようとはしなかったに違いない。それ
ほど、些かも激しいものを感じさせない姿であった。(『南支風土記』)

椰子林を背にする三亜の海軍陸戦隊幕営前には、「ギラギラ光る白砂」が広がり、それはまるで、鎌倉の「由比ヶ浜の海水浴場」のようであった。その白砂は、細かく、「啄木の歌そのままに、握れば指の間よりさらさらと流れ落ちた」。(『南支風土記』)

三亜上陸

謎宮ノート

　私達は、ギラギラ光る白砂の上に下り立った。海風を切っていた間は、それでもまだ初夏のそよ風を感じていたが、砂浜に下り立ったとたんに、初夏どころかこれは、いきなり真夏だ。それに白砂を前に、椰子林を背に、陸戦隊を見ると、大変すまない事ながら、由比ヶ浜の海水浴場が思い出された。

「これゃ鎌倉だ」

　誰かがとたんに云ったので、やっぱり私ばかりではなかったのだなと、気弱にもホッとした。

　私達は、直ちにさくさくと白砂をふみながら先づ幕営○○部へ出かけた。

　——中略——

　幕営の前の白砂は、実に細かかった。その細かさは、まったく水の如くであり、啄木の歌そのままに、握れば指の間よりさらさらと流れ落ちた。(『南支風土記』)

三亜楡林　海南島南東にある三亜楡林（さんあゆりん）の村。ワラの家が並ぶ様子を、「ひっそりした寒村」と吉田は記す。（『南支風土記』）

椰子林のなかの楡林港

日露戦争時、見るからに小さく、そして、街も発展していなかった楡林港に、日本海海戦のロシア・バルチック艦隊（バルト海所在の艦艇を第二太平洋艦隊と第三太平洋艦隊に編成したもの）が仮泊した。日英同盟のため、スエズ運河を使用できず、バルト海から喜望峰を回り、補給や修理が困難ななか、半年もかけて航海をつづけた乗組員は、どのような気持ちで街をながめたのであろうか。

```
謙吉ノート
```

三亜楡林（さんあゆりん）

　楡林の部落というのは、この平地に続いて両側に、泥壁藁葺（わらぶき）の二十数軒の民家が向かい合っているだけの、まことひっそりした寒村——いや、これは失礼、だが、まさか暑村とも云えまい——に過ぎない。

　（中略）「楡林楡林というからどんな所かと思ったら、これが楡林かア」

　みんなガッカリしたような顔をしている。だが、嘗てバルチック艦隊が東洋回航の途（みち）すがら仮泊したという楡林港は、此処からしばらく離れた所だとかで、椰子林にかくれて見えない。（『南支風土記』）

藁屋の教室

教室は、藁葺屋根ではあるが、黄土色の粗壁でできている民家と、煉瓦造りの金持ちの家の中間のような造りである。先生のいない教室は、それがなんであったかもわからない程に閑散としていた。

[謙][吉][ノ][ー][ト]　　　　　　藁屋の教室

　民家に交じって、小学校だったという一画の藁屋があった。この小学校の校長先生というのが、そもそもこの部落での抗日の親玉だったのだという。この小学校に限らず学校の先生という先生は、ことごとく抗日の元締みたいものなのだ。

　その小学校というのは、平坦な中庭を囲んで、それでもプランだけは、支那式のシンメトリカルに建てられた幾棟かの藁屋であるが、どれが教室だという気配も見えない。

　この素朴な部落と、椰子林の陸戦隊の颯爽たる幕営との対照は、何かエキゾチックな情景をさえ思わせた。嘹々と椰子林に鳴りわたる海軍^{りょうりょう}ラッパの響、隊伍が粛々として幕営の彼方から民家の前を過ぎてゆく。「映画の外人部隊みたいだア」東日*のS君の何気なく放った言葉に、実は私も感懐を同じくしていたのであった。

*東日　毎日新聞の前身である東京日日新聞の略称。吉田謙吉は各社従軍記者らと共に7名で現地を訪れた。（編集部・記）

カメラを構えた謙吉の影

三亜の白い砂浜にできた自らの影を愛機・ライカで撮った一枚。撮影時は夕方であろうか、影がながくなっている。謙吉は、自らの影になにをみたのであろうか。

抗日ゲリラに対する治安維持戦

治安維持戦闘に従事する海軍陸戦隊員。海南島攻略戦は、中国軍が内陸部に撤退していたため、大きな抵抗は受けなかった。しかし、国民党系、共産党系のゲリラ組織が残った。南部では海軍陸戦隊が、沿岸地域の都市と交通路を中心に治安維持にあたるとともに、対ゲリラ戦を行った。国民党系・共産党系の抗日ゲリラ組織は、国民党系の保安団・遊撃隊、共産党系の共産軍が形成された。太平洋戦争が開始されると、海軍陸戦隊の治安維持対象はほぼ海南島全域となり、一カ月の治安出動は300回を超えるに至っている。

椰子をバックに記念撮影

清宮貴子内親王（昭和天皇第五皇女、島津貴子）誕生のご慶事のため、赤飯が炊かれた。副菜は精進揚げ、吉田謙吉も「遠慮なく満腹」した。1939年3月3日夜7時、「外の陽は、一向うすれようとしない」なか、「Sの字形に地面にはらばっているような椰子をバックに」記念撮影。

熱帯の朝

ゆっくりと明ける熱帯の朝七時、軍艦旗の掲揚とともにラッパが響きわたる。海軍陸戦隊の兵士たちは、南シナ海の水平線の彼方、日本にむけて敬礼をしている。陽ざしは弱く、「ひんやりと肌身にあたり、異様に清新な空気の漂いさえ感じられる」。（『南支風土記』）

🈞🈡⃝ノート　　　　椰子をバックに記念撮影

　この日三月三日、畏くも皇女殿下御生誕の御慶事のため、お赤飯が炊かれたのだと云う。副菜は精進揚げ。遠慮なく満腹する。既に三月の七時近くだというのに幕営の外の陽は、一向うすれようともしない。Sの字形に地面をはらばっているような椰子をバックに部隊の人達と記念撮影を為し、〇〇部隊の方々に厚い礼を述べ、再び軍艦旗を伸頭（車のフロント部分　編集部・註）にひるがえして、三亜港市へ急ぐ。（『南支風土記』）

えいっ！ほっ、えいっ！ほっ

清宮貴子内親王誕生のご慶事のた
め、炊かれた赤飯の餅つきと思わ
れる。

陸戦隊のトイレ

三亜の陸戦隊幕営の朝、天幕の外、砂を踏む音と、起床ラッパの響きで起きた吉田たちは、それぞれトイレと洗面所に分かれた。

整然と干された洗濯物

左奥図はトイレのスケッチ。右下に設けられているのは手洗い台。「消毒手洗石油カン」と書かれている。左図は洗面所と物干し場。洗面所の左端が「水ハケ口」となっている。

謙吉ノート　　　　入ってます。

天幕の外の砂を踏んでゆく音でめざめる。嘹々（りょうりょう）たる喇叭（らっぱ）の響。

われわれは、代る代る便所へゆくものと洗面所にゆくものとあった。何れも設営隊の作った丸太作りの見事なものだ。便所は、アンペラのドアが取付られ、隣り合わせて士官用、兵用と小さい標札が丸太柱にうちつけてある。見ると、アンペラドアの内側からベルトがだらりとぶら下がっている。これはしたり、何れも目下在中のしるしである。

洗面所を取巻いて、勇士諸君の物干し場がある。襯衣（はだぎ）や上衣や下袴や戦闘帽などが、丸太から丸太へと整然と干されてある。（『南支風土記』）

114

紙風船に興じる海軍航空兵達

彼らの任務は、制空権を確保して、香港、厦門を含む中国大陸沿岸部、対岸に位置する仏領インドシナ（ベトナム）の監視であった。同時に、フィリピンに圧力を加え、南シナ海の制空権の確保を図ることであった。

後ろに見えるのは、海軍の96式艦上戦闘機。三菱飛行機製（後の三菱重工業）で、空戦性能抜群の傑作機であった。航続距離を伸ばすため、世界最初に日本が採用した落下式増槽を付けている。設計は、後継の零式艦上戦闘機（ゼロ戦）と同じ堀越二郎である。

三亜から楡林へ

海南島は、熱帯ではあるが気候は温和で、農作物に適した土地であった。特に、水田は盛んであり、二期作であった。水牛は泥にまみれながら田を耕す働きもの。

[謙吉ノート]　　　　　　　　俳画の水牛

　それからの道は名も知れぬ熱帯の樹木に囲まれてはいるが、道はますます平坦になり、まるで植物園の中を行くような滑らかさだ。

　水田の中に、大きな図体をした水牛が二三頭、俥の音にもさして驚いた様子もなく、だるそうに長い角をゆるやかにゆすっている。泥んこになった背中の起伏の上に、雀が一羽とまっている。「これゃ俳画ですね」と佐藤俳人君とわらった。（『南支風土記』）

吉田謙吉・画

116

群生するサボテン

海南島といえばヤシ林（左写
真）だが、南部は熱帯気候に
属し、乾燥しているためサボ
テンが自生している。

⬚諏⬚吉⬚ノ⬚ー⬚ト　　　　　　サボテン

　この朝、われわれ七名は、再び陸戦隊の御好意で、三亜から十里の
前線である崖縣へ行くことが出来た。（中略）
　椰子林をぬけ切ると、仙人掌（さぼてん）の簇生（ぞくせい）している道に出た。はるかに芋
畑がつづいている。何処か内地の畑のような長閑さだ。仙人掌は丁度、
菜の花のように道の両側に、二三尺の高さにとげとげしく列（なら）んでいる
のだ。径三寸程の黄ろい花と白い花とが入り交じって咲いている。（『南
支風土記』）

海南病院屋上より

海南病院は、海南公園をのぞむ海南島一の三階建ての大病院と『南支風土記』に記されている。写真はその屋上から見た、フランス領事館。公園の椰子林の彼方には、すぐ南シナ海が広がる。

抗日の文字を削る

崖縣の民家の煉瓦壁に、白く塗って書き込まれてあった中華民国国民政府統治時のスローガンを、陸戦隊委員とともに、四、五人の男が鉄棒で「ゴシゴシ」と削っている。裸足や、白いヘルメットを被っている者もいる。（『南支風土記』）

海南公園、爆撃跡

海南公園を抜けて、デルタ地帯をのぞむ付近の洋風建物の爆撃跡。日本海軍の爆撃によるもので、吉田
謙吉は、キュビズムのアレキサンダー・アーキペンコ（ウクライナ、キエフ出身）の彫刻のように見え
るとしている。（『南支風土記』）

謙吉ノート　　　　　　　　爆撃の跡

　海南公園をぬけて、南支那海へと突き出ているデルタ地帯にのぞむ
辺りに、軍事施設だったという洋風の建物が、わが海の荒鷲によって
見事に爆撃されている。それは實にものの見事に命中しているのであ
る。例の不消化ルネサンス様式の手擦りを屋上にのせたまま、灰白色
の何本かの圓柱の足は挫れて、丁度足長の蟹を踏みつぶしたような形
である。

　私はその建物の周囲をぐるぐる巡りながら、さまざまの角度から眺
めて見た。アルキペンコの彫刻のような多面体でもあった。僅かにつ
ぶされ切れずに残っている部分は、一見ちゃんとしているようだが、
実は足腰を威力にふるえさせながら辛うじて立っているに過ぎないの
だ。（『南支風土記』）

海口の男は働かない？

海口の男は、「働かない」といっても、例外も当然存在している。天秤棒を担ぐ者、床屋さん、靴屋の職人など。もちろん、人力車の車夫も男性だ。人力車にのる謙吉一行。

　　　　海口の男は働かない？

　海口では、いや海南島ではと云えるのだというが、私の観た限りでは、海口では特に、女が多く働き、男は総じて怠けものである。海口市街の、白亜の亭仔脚（ていしきゃく）（アーケード　編集部・記）の下を歩きながら擦れちがう男達を見ると、ハイネックの細身の白服は、洗濯し立てのパリッとしたものを着用して居り、暑熱を避けるために、白いヘルメットをかぶったりしているものもあるが、大部分は帽子をかぶらず、頭髪は前を長く延ばし後ろを短く刈り上げ、所謂トッチャン刈のようにしているものが大部分で、ともかく思いのほか小ざっぱりしているのだ。銭湯はないが、洗濯屋はあるというし、床屋に至っては、二軒並んでいる所もある。皇軍上陸後第一に店を開いていたのは床屋だそうだし、しかも何れも大繁盛している。海口の男達はお洒落である。亭仔脚の下の街頭賭博場は一日中その男達の人だかりが散らない。そこで海口の男達は怠け者が多いというのだ。（『南支風土記』）

　男は働かないと云っても、然し、笠をかぶった男が天秤棒を擔（かつ）いでゆく、洋車々夫はもちろん男だ。床屋さんを始め、靴屋の職人も勿論男だ。（『南支風土記』）

寄ってたかって働く、女たち

吉田は、「海口では特に、女が多く働き、男は総じて怠けもの」と断じている。働く女性たちの背中を写した一枚。謙吉の眼は、老いも若いも、子育てしながら働く女性に温かい。反面、吉田は、海口の男を、洗濯したての「パリッ」としたハイネックの細身の白服を着て、お洒落である、としているものの、働かない彼らにカメラは向けられなかった。

謙吉ノート　　　　　**女たちは大勢で働く**

　女は内地のひっつめ髪のように、後に小さくぐるぐる巻にして濃藍色低襟の綿布を着て、暑熱の中をよく働く。だが、一本の長い丸太を運ぶのに六七人がかりで擔いでゆく。一つ荷車に二三人は愚か七八人もかたまり合って押してゆく。所が、この一つの仕事に大勢たかって働くという事が、暑熱の中を働きぬく要諦なのだそうだ。そういわれてみれば、成程、一人一人が一度に汗をしぼり切ってしまったらそれ迄だ。長く粘り続けてゆく事は出来ない事になる。つまり南支那での、この寄ってたかって働く風俗は、決して一概に所謂支那式の満々的＊ではないのだ。いや南支人は決して満々的ではない。（『南支風土記』）

＊満々的　ゆっくりしているさま。あくせくしない様子。（編集部・記）

朝日新聞前線支局

海関（税関）の純白の建物の前を過ぎ、湾曲した商店街繁華の中の薬種店二階に朝日新聞前線支局編集室があった。写真、左手の二階であり、一階入口には、歯科治療室があった。左手手前の兵士は、歯科治療後であろうか。

＿＿＿＿ノート　　　　　　　　海口の新聞社

　いったいに海口の建物は、間口が狭く奥深い。この薬種商の店なども二間間口位なのに、奥行きは十数間あって、一番奥の細長い炊事場をぬけると裏通りにつきぬけてしまっているのだ。店構えの入口は、兵隊さん達の歯科の治療室にあてられていて、白衣の軍医の背後で陽焼けした顔が順番の列を作っていた。（中略）
　煤けた手すりのある階段をぐるっと廻りながら昇ってゆくと、二階は薄暗い編集室。机や椅子のゴタゴタと置かれた中に、やはり争われぬジャーナリストの活気があふれていた。（『南支風土記』）

海口市街

「灰白色にうす汚れているが、白亜の例の亭仔脚洋式の半洋半支の建物が、舗装された広い道をはさんで、二階三階五階と軒をつらねている」(『南支風土記』)。海口一帯の瓊州は、1858年の清国と英仏政府との間で天津条約が締結されて開港地となった。1873年には日本領事館も開設されている。海口市は、中華民国成立後の1926年に成立している。

酒家茶楼の姑娘（クーニャン）

南支の風土は、椰子林と共に、北支のそれとは全く異っているのだ。従って装飾様式も原色の支那式は絶無と云っていい。半支半洋というより、三支七洋とでもでも名づくべきものかも知れないのだ。

この二軒の料理店も何れもその三支七洋式の装飾で、風土に即した厚い白亜の汚れの中に焦茶色のてらてらしたニス塗の椅子、テーブル、衝立、額縁、帽子掛が配されているのだ。

サービスの姑娘の服装も、所謂支那服の自国的なものではなくて、これまた香港経由の洋装文化を取り入れたものである事が、一見してわかる。群青色の小柄のプリント模様地などを使ったパンツ式で、それにやはり群青色の縁とりの白いエプロン、断髪パーマネント、ハイヒールのサンダル靴といった具合だ。化粧もこてぬりの支那美人式ではない。口紅（ルージュ）の付け方までが、所謂支那式ではないので、南支の姑娘からは、楊貴妃などを連想は出来ないであろう。（『南支風土記』）

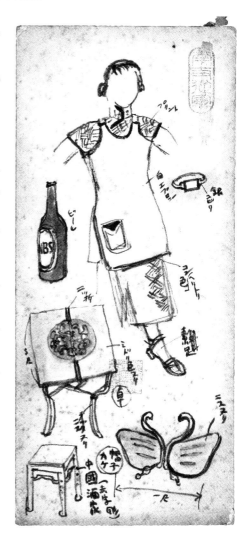

3
章
──
1939年 夏
朝鮮南部篇

解説・塩澤珠江

朝鮮半島へは映画『奥村五百子』のロケで訪れた。村の守神チャンスン（男女1対の木像）の前で。左から小倉金彌（カメラマン）、豊田四郎（監督）、吉田謙吉。（慶州・仏国寺への道）

＊吉田謙吉は映画ロケで朝鮮半島南部へ訪れ、各地を撮影した。

朝鮮半島・1939年

日清戦争以降、ロシアとの対立を深めていった日本は、安全保障の必要からも朝鮮への支配強化を図った。日露戦争に勝利した日本は1910年（明治43）に「韓国併合条約」を締結する。1920年（大正9）、〈朝鮮の友に贈る書〉として柳宗悦が「私は貴方がたの心や身が、どんなに暗い気持ちに遮われているかを、察しないわけにはいかない」と日本の政策を難じるなど批判もあったが、統治は続いた。

1937年（昭和12）7月の盧溝橋事件に端を発して日中戦争が

映画ロケハンの大まかなルート図。右下に「2599.AVG.」とある。皇紀2599年（1939年）AUGUSTの意味で、VはUと思われる。皇紀は明治政府が定めた日本独自の紀元。

拡大、新聞やラジオは国策的となり、映画界でも39年に脚本の事前検閲などを定めた映画法が施行される。この年、吉田謙吉は映画『奥村五百子』（p134）の撮影班に参加する。上図は撮影班の行程である。下関から船で釜山。京釜鉄道（釜山—京城）に乗車、大邱・大田を経て京城（現在のソウル）へ向かったと思われる。京釜鉄道は日本が軍用鉄道として1905年に建設したものである（のちに京義鉄道（京城—新義州）につながり、更に南満洲鉄道ともつながる）。

撮影班が乗ったと思われるのは特急あかつき号。この列車が登場したのは1936年。ガラス張りの展望車連結の朝鮮総督府鉄道局（鮮鉄）を代表する列車である。

瓜畑の藁小屋台

マクワウリ（チェミ）の畑。藁屋根の小屋は、農
作業の休憩所で、昼ご飯を食べ、雨宿りをし、と
きには直売もする。下の台紙メモに高さ「8尺」（約
2.4m）とある。思いの外の高さで、遠くに連なる
山々や川の流れも見渡せただろう。チェミは大衆
的な果実で、夏になると市場はチェミで黄色く染
まり甘い香りがただよう。（場所不明）

藁屋根の端を支えるような棒が
描かれているが、上の写真には
ない。筵（むしろ）は何に使う
のだろうか？ よく見ると不思
議なスケッチである。

洗濯（京城郊外）　井戸端

共同井戸での洗濯は川のない地域ではよく見られた。洗濯しながら女たちがお喋りを楽しむのは世界共通の光景だ。奥に見える擁壁が朝鮮の作り方ではないこと、井戸の上に屋根があることから、日本が作った設備のようだ。

長いチマ（巻きスカート）を紐でたくし上げ、階段状の洗濯場で働く逞しい女性たち。

昔は灰汁などで汚れを落としたが、石鹸が使えるようになった。男性の水の運び方が朝鮮式ではない。

大田駅頭

映画『奥村五百子』の撮影隊は、五百子が実業学校を創設した光州へ向かう。大田は光州への乗換駅（京釜本線と湖南本線の分岐点）である。湖南線方面に向かう列車は大田駅で方向転換のため、機関車の付け替え作業を要した。乗換時間が長いため、一行は駅前を散歩したようだ。当時はのんびりとした農村地帯だったが、1995年大田広域市となった。なお京釜本線が敷かれたのは1905年（明治38）、奥村五百子が朝鮮に渡ったのは1897年なので、まだ列車はなかった。

市場（光州）

油紙で作った継ぎはぎ
の番傘の下で開店を待
つ女性。奥には大きな
蝙蝠傘、天にのびる一
本のポプラ。朝の市場
はこれから暑くなる。

カマド

宴会などで現在も使われ
ている屋外用かまど。こ
れはトタン製のようだが
上等のかまどは鋼鉄製。
少女のおかっぱ頭と洋
服、大釜の蓋、漬物樽、
桶が木製なので日本人の
店のようだ。（光州・市場）

古風な結髪

右写真／酒や食事を出す酒女・チュモ
（ジュモとも）の朝鮮時代から続くオ
ンジュンモリという髪形。髪を左右に
分け、ねじりながら（または三つ編み）
後ろから額上にまわし、左耳を隠すよ
うに丸くまとめ、簪で留めている。頭
部右側に赤紫のリボンをつけると決
まっていた。絵は見かけるが、写真は
珍しい。（場所不明）

下写真／額の上で髪を左右に分け、未
婚の女性は後ろで三つ編みのお下げに
し、途中から赤いリボンを編み込む。
写真の少女たちのように左右に細い三
つ編みをすることもある。奥に見える
のは朝鮮独特の背負子用ロート状の大
籠。（光州・市場）

光州の民家

謙吉のメモに「朝鮮書割切出し参考」とある。映画セットに写真のような藁葺き屋根の家を描き、切り抜いて遠景に使うという指示。井桁に組まれた井戸は昔ながらのもの。謙吉お気に入りの1枚。左写真/自家製の味噌と醬油をつくる大きな甕（かめ）。発酵を促すため外に置く。縁台のような平床（ピョンサン）は、夏はここで食事をし、夜はアンペラを敷いて麻の布を蚊帳代わりに被って寝る。コンクリート製の井戸は当時流行したもので、余裕が出来ると作った。白い洗濯物が盛大に干され、民家でよく見られる光景。

慶州の民家

朝鮮民家の土塀は実に味わい深い。なかでも崩れかけたような塀に謙吉は惹かれたようだ。石を積み上げ、つなぎは土。斜めに出ているのは朝鮮特有の床暖房（温突─オンドル）の煙突。左の家は廃屋のようだ。日除けに大きな蝙蝠傘をさした女性が、小ぶりの甕をぶら下げ歩いて行く。

映画『奥村五百子』の撮影

　吉田謙吉の朝鮮半島への渡航は1939年（昭和14）、目的は映画『奥村五百子』のロケハン（撮影地の調査・下見）及び撮影である。製作は東京発聲・新日本映画研究所の提携。監督・豊田四郎、脚本・八木保太郎、撮影・小倉金彌。謙吉は美術考証を担った。

　戦前の「キネマ旬報」に〈撮影所通信〉欄がある。1939年9月1日発行号に、朝鮮へ8月15日出発とある。〈豊田四郎は「奥村五百子」を連日セット撮影していたが十五日夜朝鮮、九州方面のロケーションに製作スタッフと共に出発。俳優連は下旬に出発〉──謙吉は先発隊だった。9月11日号には「9月7日に朝鮮を去り、続いて九州にロケ」。23日間の朝鮮滞在だった。撮影は当然、地元の協力なしではできなかった。

　ヒロイン五百子は1845年（弘化2）九州唐津の高徳寺住職・奥村了寛の長女として生まれた。50歳の頃、京都東本願寺から布教を命じられ、敬愛する兄・円心とともに朝鮮半島へ渡る。拠点としたのは光州だった。光州は内陸の小さな田舎町で、日本人居留地があるような市街地ではない。兄妹の苦労は想像に難くない。

　『奥村五百子』は1940年の「キネマ旬報」ベスト6位に選ばれているが、日本フィルムセンターに所蔵はない。唐津高徳寺から借り受けた脚本を読むと、布教よりむしろ学校教育、農業指導を光州の人々に働きかける五百子を真っ当すぎるほど丹念に描いている。

　ロケハンの目的は、五百子の時代を残す場所を探すことだった。そのため謙吉が撮った写真は他章に比べてやや印象が違う。「観察使」(p134)が着ているのは歴史的衣装であり、あえて着衣してもらったものだろう。もちろん「色服着用励行の立札」(p146)などジャーナリスティックな事物への興味も強く、写真を通して見ると、過去と現在に向ける二つの視点が折々に交錯していることがわかる。

紗帽（サモ）

「観察使」の風俗を偲ぶ

「観察使」は朝鮮王朝時代（1392−1897）の地方行政長官（文官）。奥村円心・五百子兄妹の布教と実業学校建設には地元民との交渉役である観察使の協力が不可欠だった。観察使の執務服は、双鶴、雲、波の吉祥文を刺繍した胸背（ヒュンベ）を黒の官服に縫い付け、「黒の紗帽（サモ）」という被り物と決まっていた。映画に観察使が登場するため、服装を再現してもらったようだが、衣裳考証に大きな間違いがある、と韓国国立民俗博物館と温陽民俗博物館で指摘された。写真の被り物は「執務用ではなく祭祀用の金冠である」と。映画フィルムが残っていないので、どんな衣裳の観察使が登場したのか確認ができないのが残念だ。
写真上右は武官のヒュンベ。虎は厄除け魔除けの象徴。
写真右中はサモ。

奥村兄妹が住んだ家

奥村兄妹や同行者たちが住んでいた家の一部。五百子は病気になり2年後に日本へ帰国する。その40年後に訪れた写真。竹の袖垣、廊下のガラス戸などは日本風だが、土台は朝鮮式。五百子は桑を植えて蚕を育て、絹織物の生産を計画したが、風土が異なるため、うまくいかなかった。桑畑に水を送るための足踏み式水車が残されている。（光州）

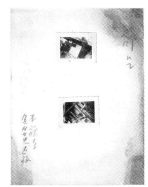

脚本の表紙

謙吉の手描き文字と思われる。

上流階級の女性に取材中。質問しているのは豊田監督。皆、敬意を表して背広にネクタイ姿。植民地統治時代となって30年近く、日本語が話せる人はたくさんいた。（大邱）

奥村五百子は杉村春子が演じた。当時33歳。初主演作品である。

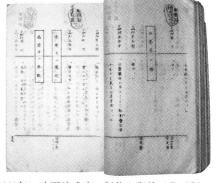

1939年に映画法成立。製作と配給が許可制に、監督と俳優は登録制となり、作品は脚本段階で検閲が入った。随所に「内務省」の押印。わずかな訂正でも申請が必要だった。

土地の少女らが共同井戸で汲んだ水を運ぶのを見て、まねる五百子たち。

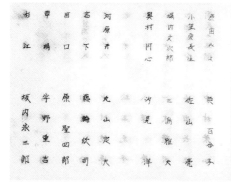

配役表。杉村春子、滝沢修、汐見洋、丸山定夫、宇野重吉など謙吉とは芝居仲間の名が連なる。

脚本と画像提供　唐津市高徳寺・奥村豊氏
唐津市教育委員会

胡座の主人（上流の家・大邸）

片膝を立てるか胡坐が基本だが、古老特有の脚の組み方。眼鏡は権威の象徴でもある。真っ白なヤギ髭を撫でながら、庭を愛で、書物を読み、端然として座る姿は朝鮮王朝時代に時間が戻ってしまったかのようだ。窓がある障子と格子の文様は日本風。

新感覚の上流の家（大邸）

欄干のある高床式の部屋は楼抹楼（ルマル）という夏用の板の間。三方を解放できる非常に贅沢な建て方で、上流階級の中でも特に裕福な家であることがわかる。深い庇（ひさし）が漢詩の扁額、柱の注聯（ちゅうれん）を日差しと雨から守っている。楼抹楼の床下の造り、中庭の飛び石、池、不思議な形の橋は朝鮮伝統のものではなく、日本風が取り入れられている。

内房入り口（大邱）

アンチェ（夫人用建物）には子どもと夫以外の男子は入れず、位置も奥にある。門や石塀に守られ、下人部屋、釜屋（台所）、厠もあり、一戸の建物となっている。石塀は伝統式ではない。室内の写真は1枚もないので、取材は出来なかったようだ。

日本の影響が色濃い家（大邱）

屋根は反りがなく瓦の葺き方も日本式。引き違い戸にはガラス窓がはめ込まれ、夏のためか紙が張られていない。格子の文様も日本風で、引き違い戸は朝鮮にはなく和朝折衷。

両班の家（大邱）

建物全体と建具の写真。朝鮮障子の格子を集中的に撮っている。両班は朝鮮王朝時代の官僚制度で、特権階級。謙吉メモには「ヤンバン」となっているが、現在はヤンバン（両班）が一般的な発音。

天井は高く、天井板はない。棟木（むなぎ）も合掌形に組んだ扠首（さす）も製材していない松が使われ、漆喰壁とともに大らかな空間となっている。

廊下にも扁額が飾られている。文字の意味は不明。極上の麻（モシ）の服と黒髪が楚々としていて美しい。

螺鈿の硯箱
石の煙草入れ
真鍮の灰皿（大邱・某家）

柳の木箱に漆を塗り、貝で双鶴の螺鈿を施した見事な硯入れ。文房四宝（硯墨紙筆）は、煙管、煙草入れ、灰皿の三点セットとともに主人の部屋には必ず備えられていた。上流階級の煙管は長いので自分では火を点けられず、使用人が点ける。

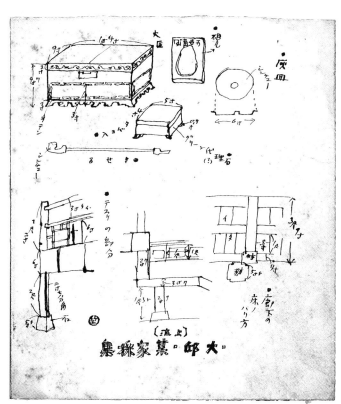

スケッチ

土台、柱、欄干、手すりの寸法を、謙吉が細かく測っているのは舞台装置家らしい。廊下の床は「尤物板間」（ゆうぶついたま＝ウムルマル）という張り方で、p138の楼抹楼（ルマル）の床や廊下をスケッチしたもの。松などの良質な木材が使われ、最も高級な床とされる。尤物は最上、ウムルは井戸、マルは板間の意。

文化住宅（大邱）

戦前に流行った「文化住宅」は、全室畳敷きの住宅だが、玄関脇に洋風の応接間が一間だけついているものを称した。総督府「朝鮮事情」昭和17年版（1942）によれば、1939年（昭和14）には朝鮮全体で650,104人の日本人がいた。主だった都市には日本人向けの日本家屋が建てられた。定住者だけではなく、商いで朝鮮に渡る日本人も多く、旅館も多かった。玄関に「大邱○○」と看板のような文字が見える。

ストーブの煙突が3本見える。燃料は薪、石炭、ときにはおがくずも。左の二階の窓の形が瓦屋根とはミスマッチで、おかしい。こちらも住居というよりは旅籠といった風情の家が肩を並べている。

布地を売る（慶州）

8月の日盛りの中で布を売る商人。退色を気にせずに、手前に無造作に置かれているのは木綿布。奥は上等の布。夏は麻だが、庶民は大麻の茎から作る厚手のもの（サンベ）、上流階級はモシという苧麻（ちょま・からむし）から作る薄手のものを着た。朝鮮王朝時代、モシは献上品。税金の対象ともなり、経糸緯糸の数により等級が決められていた。サンベは蚊帳、布団などにも使われる。

瓜を売る（慶州）

手前の店では、手首から肘まであるような大きな瓜を売っている。朝鮮には瓜料理が多い。冬に備えて干し瓜も作る。赤ちゃんを背負った母親、子どもを何人も連れた父親、きっと毎朝みられる光景だ。

帽子修繕します（慶州・市場）

李氏朝鮮時代の終わりとともに身分制度はな
くなった。両班（ヤンバン）の象徴である黒
笠（カッ）は誰でも被れるようになり、庶民
の市場に修繕屋が現れるようになった。カッ
は木型に合わせ、筒の部分は馬の尾で、つば
は淡竹の皮を糸のように割いて編む（竹糸）。
筒とつばは漆で接合する。馬の尾は済州島や
日本からも売りに来た。額に巻いているのは
馬の尾で編んだ網巾（マンゴン）。毛髪が出
ないように押さえ、帽子を固定させた。網巾
は男性の身だしなみだった。

金属の日用品（慶州・市場）

鋳型で大量生産された真鍮製の
匙と箸、碗などが並んでいる。
朝鮮料理はご飯も匙ですくい、
箸は汁気のないおかず用。真ん
中に並んでいる突起のついた丸
いものは灰皿。ステンレスの普
及は朝鮮戦争後のことである。

佛国寺(慶州)

新羅時代に建立された60棟余の建物を有する
仏教寺院(慶州)。李氏朝鮮時代の崇儒廃仏に
より廃寺となったが、1924年〜25年、主な建物
が修復再建された。
上/大雄殿　創建当時からの石段。中/青雲橋
下/僧房

羅漢像(佛国寺)

謙吉は「十八ラカン」とメモし
ているが、十六の間違い。数え
間違えたか……。羅漢様たち
の人間的な表情に惹かれたの
か、釈迦牟尼は撮っていない。

伝統的家屋（慶州） 土台、廊下、建具、屋根、どれも伝統的な朝鮮家屋の特徴が見られる。障子の格子は幾つもパターンがあり、どれも吉祥の意味がある。

朝鮮家屋は玄関がなく、各部屋には庭から直接入る。または縁側のような廊下が各部屋に通じている。朝鮮は石の産地が多く、ふんだんに使われている。

色服着用励行の杭（慶州）

「活動便利」の文字も見える。古来より朝鮮の人々にとって白は純潔、真実、生、太陽、そして苧麻、麻、木綿で織られる布の素の色として自然をイメージし、特別の意味を持つ。白い服が汚れているのは不名誉とされていたため、女性は調理以外の時間は洗濯に明け暮れていたと言っても過言ではない。色服を着用して良いのは上流階級で、庶民は結婚式などでは色服を着たが、普段は上下とも白か、黒豆のつけ汁と紅花のつけ汁を合わせた染料で染めた黒のチマ（巻きスカート）だった。（1910年頃からは）化学染料も使用され始めた。この杭は、普段も色服を着用し、女性を洗濯から少しでも解放し、汚れを気にせずに動き回れる色服を着よう！と提唱している。色服の奨励は1920年代に始まり、1930年代に本格化した。

南碧醫院の前（慶州） 鉄の扉がついたコンクリート製の箱。謙吉はゴミ箱とメモしているが、治療に使ったものを燃やす焼却炉と思われる。日本人医師のようだ。

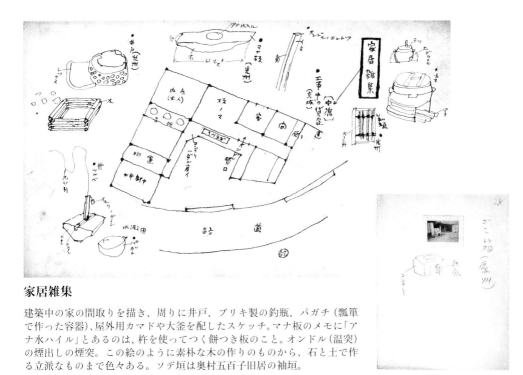

家居雑集

建築中の家の間取りを描き、周りに井戸、ブリキ製の釣瓶、パガチ（瓢箪で作った容器）、屋外用カマドや大釜を配したスケッチ。マナ板のメモに「アナ水ハイル」とあるのは、杵を使ってつく餅つき板のこと。オンドル（温突）の煙出しの煙突。この絵のように素朴な木の作りのものから、石と土で作る立派なものまで色々ある。ソデ垣は奥村五百子旧居の袖垣。

慶州の村落

青々とした棚田の下、肩を寄せあう藁屋根の村。こんもりとした屋根もあれば平らに近い屋根もある。冬が来る前に、前年の屋根の上に新しい藁束を乗せ、縄でおさえて葺く。10年ほど経つと、中に虫が棲みつくので葺き替える。

民家の庭先（慶州）

温突（オンドル）の煙出し用煙突が見える。朝鮮南部は細竹が多く、割かずに丸ごと大津垣状に編み、門にしている。門柱には表札も打ちつけている。お下げの少女と門の影が面白い。

柳のある小さな家

藁屋根の小さな家を守るように大きな柳の樹が一本。夏は日差しを遮り、暑くて寝苦しい夜はこの下で寝る。秋、黄色くなった葉を竈（かまど）で燃やす。冬、温突で温まった空気が逃げないよう小さな家の入口は狭く、窓は小さい。その小さな窓を開けて、柳の芽吹きを見、春を知る。朝鮮の人々はあるがままの自然をたのしむ。上流階級も庶民も。そんなことを思うようなスケッチである。ゴロゴロとした石を積み上げただけの土塀も、この家を守っている。後ろに見える一筆書きのような木はポプラ。

民家（慶州）

慶州の民家に多い細竹の門。真っ白なチマチョゴリが堂々と正面に干されている。干し終わった女性も白衣姿。どこにでも見られる庶民の庭先の光景である。藁屋根がいくつもあり、奥には倉庫のようなものも見えるので、少し大きな農家のようだ。

風俗断片

初めての朝鮮で出会った人々の寸描。大きな扇子、煙管、帽子、靴など男の持ち物、男女の髪型、座り方や物の運び方など、どれも庶民の普段の姿だ。三角帽子は番傘と同じ油紙で作られている朝鮮特有の折りたたみ式レインハット。赤ちゃんの紐ならぬおんぶ「布」姿は写真にも撮っている（p142）ので、日本とは違う背負い方に興味を持ったようだ。男たちの目が面白い。謙吉の好奇心アンテナは八方に広がっている。

吉田謙吉略年譜

明治	30 (1897)	日本橋浜町に生れる。父は機械油商、母、伯母とも三味線の師匠。
	44 (1911)	14歳　家業倒産。府立一中から府立工芸学校金属細工科に転校、デザインの面白さを知る。
		父は越後に帰郷後死去。母、伯母も相次いで亡くなり、18歳で天涯孤独となる。
大正	6 (1917)	20歳　葵橋洋画研究所を経て東京美術学校 (現・東京芸術大学) 図案科入学。今和次郎に学ぶ。
	12 (1923)	26歳　関東大震災直後の風俗を今と記録。「バラック装飾社」に参加、「考現学」に発展。
	13 (1924)	27歳　日本で初めての劇場を持つ新劇専門劇団「築地小劇場」創立。美術・宣伝部員として参加。
		創立公演『海戦』(演出：土方与志) の舞台装置を担当。以後、装置、ポスターを手がける。
昭和	2 (1927)	30歳「しらべもの (考現学) 展覧会」を今らと開催 (於：新宿紀伊国屋書店)。
		川端康成『感情装飾』『伊豆の踊子』横光利一『愛の挨拶』装幀。
	4 (1929)	32歳　築地小劇場分裂。土方与志の「新築地劇団」同人。旗揚げ公演『飛ぶ唄』などの装置。
	5 (1930)	33歳『モデルノロヂオ (考現學)』(今和次郎と共著：春陽堂) 出版、装幀。
	6 (1931)	34歳『考現學採集』(今和次郎と共著：建設社) 出版、装幀。
	9 (1934)	37歳　雑誌『經濟知識』特派員記者としてライカで満洲風俗を取材。
	14 (1939)	42歳　単行本『南支風土記』(大東出版社) 海軍従軍舞台装置家としてライカとスケッチで取材。
		映画『奥村五百子』(監督：豊田四郎) 美術のため南朝鮮と国内をライカとスケッチで取材。
	20 (1945)	48歳　芸人10数名と家族を伴い邦人慰問のため内モンゴル再訪。敗戦。ライカ没収される？
	21 (1946)	49歳　天津収容所で芸能団をつくり邦人収容者の慰問をはかる。3月、米軍戦車揚陸艦で引揚げ。
	24 (1949)	52歳　東京港区に舞台のある12坪の家を建てる。「吉田謙吉演劇美術研究所」設立、後進養成。
	28 (1953)	56歳　国際演劇会議に出席後、欧州2カ月の旅。カメラ (ニッカⅢS・F1・4) とスケッチで取材。
	29 (1954)	57歳　『絵本ヨーロッパ　舞台装置家の眼』(美術出版社) 出版。以後、毎年ヨーロッパへ。
	35 (1960)	63歳　ヨーロッパのパントマイムを日本に移入すべく「日本マイム協会」設立、会長に就任。
	57 (1982)	85歳　5月1日死去。

2019年10月作成

吉田謙吉の写真
外地の日常生活を虚飾なく撮る

白山眞理（一般財団法人日本カメラ財団　調査研究部長）

　吉田謙吉（1897-1982）は、関東大震災以降に同時代風俗を分析する「考現学」を今和次郎とともに提唱し、1924年（大正13）の築地小劇場創設以降は舞台装置家となって活躍した。考現学には観察と記録が肝心だ。吉田の手帳には「1932年ライカ利用の事」という書込みがあり、小型カメラのライカを手にしたのはこの頃のようだ。

　1925年にエルンスト・ライツ（独）から発売開始されたライカは、ポケットに入る大きさの金属ボディと豊富な交換レンズが特徴で、40カット近くの連写ができ、外出先での気軽な「スナップショット」を可能にした。日本にもすぐに輸入され、映画用フィルムを使うこともあってか、初期の愛好者には俳優の山内光、監督の五所平之助、小津安二郎ら映画関係者も多かった。築地小劇場は舞台写真撮影のために写真家の坂本万七や堀野正雄らが出入りしていたし、舞台装置家の吉田は新型カメラを見知る機会が多かっただろう。それでも、1932年（昭和7）の定価表（浅沼商会）によれば、ライカⅡ型＋エルマー50㍉レンズ＋革ケースで420円。俗に家一軒と同価格だったと言われるが、趣味の道具としてはアップライトピアノと同程度に高価で、購入には決心が必要だったと思われる。

　ライカを手にした吉田は、写真が考現学のよき記録手段であることや、「ライカ判密着による現代風俗の採集カード貼付によつて、時にベスト判大の拡大鏡を通して見る、而してその全面なり局部なりを適当にエンラーヂ［引き伸ばし］してゆく」（吉田謙吉「小型カメラによる現代風俗の速写」『アサヒカメラ』1933年3月号）などと、整理方法も記している。自らの撮影手法について、被写体の後をつけての追撃式、待ち伏せ式、背面攻撃式、のぞき式、しゃがむ式、回転式などと分類しているのも考現学的で、彼一流のユーモアを感じさせる。

　1934年（昭和9）8月、『経済知識』特派記者の任を受けた吉田は、人情風俗取材のため満洲へ渡った。大連から奉天、新京、哈爾濱、撫順などを巡り、「スケッチは重砲隊並みの役割で、差しずめ機関銃的な風俗採集の役割はライカ」（吉田謙吉「満洲国風俗ライカ撮影雑記」『CAMERA』1934年11月号）と、約400カットを撮影した。

　彼の写真の特徴は、斜めの構図が散見されることだ。通りすがりに気になる事物を見つけては、情報を多く入れたい方向に傾けてスナップしている。建物や車、人物を斜めに撮影する構図は1930年前後に流行し、視覚の驚きや躍動感の表現に多用された。なにげない日常をとらえるユニークな視点と新鮮な構図が、独自の魅力となっている。

　普段の生活をありのままに撮影した吉田は、背景が重要であれば前景を通る人はぶれていても良し、風俗が判れば顔の見えない後姿で良しとした。被写体がカメラを意識している写真は少なく、外地の日常生活をこんな風に虚飾なく追った写真は珍しい。なにしろ、新しい国であった満洲は、大陸の異国情緒を強調し、日満融和を表す演出写真を対内外宣伝に使っていたのだ。内地からの撮影には現地案内者による監視や誘導があり、撮影後に検閲やネガ提出を求められたり、発表時には媒体によるコントロールなどもあった。

　1937年の日中戦争勃発後、一般へのフィルム流通は極端に少なくなり、カメラを持っているだけでスパイ扱いされるようになった。吉田の1939年華南撮影は、従軍舞台装置家に対して海軍がフィルムを支給したのであろう。同年の朝鮮南部撮影は、愛国婦人会を創設した奥村五百子を顕彰する舞台と映画のためであった。彼の写真については、写されている内容を解明する一方で、なぜ写すことができたのか、そして、写されていないものがあるとすれば何故かなどを考察することも重要であろう。

監修者あとがき

　言うまでもなく、本書最大の魅力は、吉田謙吉自身が、戦前・戦中期における現在の中国東北地方や華南および朝鮮南部で撮影した写真そのものにある。読者の皆様には、写真が映し出す、今では失われてしまったものも多数含む様々な事象に心を馳せて頂き、その際の言わば「補助線」として「解説」を利用していただきたい。

「解説」の主眼が撮影された対象への事典的知見の提示にあることは当然だが、私自身は、日本国内の様々な政治情況を潜り抜けた舞台美術家で考現学者だった吉田が、客観的な政治的構造からすれば強力な日本の軍事的統制下にあった当該期の訪問地に直接対峙した際に抱いたであろう「思い」に少しでも触れることが出来ればとも考えていた。もし、それができれば、吉田個人に止まらない当該期日本「文化人」のアジア観の一つの「型」のようなものも明らかにできるのではないかと考えたからである。事実、現地で吉田が担わされた、言わば「公式」的役割とは異なる視覚から撮影されたと推察される、子供や女性などの写真が相対的にせよ多く残されており、そこから、吉田自身の「思い」を辿って行くことが可能なようにも思えた。もっとも、そのような企みは、難渋を極めた。私自身が吉田研究を専門としたことがないことに加えて、吉田自身の該当写真に対する言及が極めて少なかったからである。それでも書いてみたいと思ったのは、これもまた吉田の魅力のなせる技と言えるかもしれない。

　本書を手にとられた方が、写真を撮影した吉田自身の意識や無意識にも心を馳せて、私の不首尾を補っていただければ、監修者としてこれほど嬉しいことはない。吉田と吉田が残した写真には、それを見る者に、新しい問いを喚起させてくるだけの魅力があるからである。

松重充浩

おわりに

　古ぼけた小さな写真を虫眼鏡片手に何度も見ていると、謙吉が何に興味を持ったのかが伝わってくる。考現学の眼、舞台美術家の眼がレンズになりシャッターを切り、描いたのだ、と。激動の時代の中での日常を求めた謙吉の姿勢を知っていただければありがたい。

　出版にあたり、全体の監修および満洲についての解説を松重充浩先生に、華南を小池聖一先生にお引き受け頂き感謝に堪えない。朝鮮南部についてはソウル国立民俗博物館と温陽民俗博物館の方々に韓国語と日本語で長時間にわたり貴重なレクチャーを頂き、お礼申し上げたい。カメラと時代についての一文をお寄せくださった白山眞理氏に感謝申し上げたい。草思社の木谷東男氏と編集の赤岩州五氏からは、折にふれ的確なアドバイスをいただいた。本当にありがとうございました。

2020年7月吉日　塩澤珠江

参考文献など

1章

上田貴子『奉天の近代：移民社会における商会・企業・善堂』（京都大学学術出版会、2018年）

黒崎裕康『伊藤博文公の最期』（地久館出版、2016年）

生田美智子編『女たちの満洲：多民族空間を生きて』（大阪大学出版会、2015年）

阪本秀昭『満洲におけるロシア人の社会と生活―日本人との接触と交流―』（ミネルヴァ書房、2013年）

麻田雅文『中東鉄道経営史―ロシアと「満洲」1896-1935―』（名古屋大学出版会、2012年）

生田美智子編『満洲の中のロシア：境界の流動性と人的ネットワーク』（成文社、2012年）

貴志俊彦・松重充浩・松村史紀編『二〇世紀満洲歴史事典』（吉川弘文館、2012年）

満鉄会編『満鉄四十年史』（吉川弘文館、2007年）

西澤泰彦『図説「満洲」都市物語：ハルビン・大連・瀋陽・長春』〈増補改訂版〉（河出書房新社、2006年）

庾炳富『満鉄撫順炭鉱の労務管理史』（九州大学出版会、2004年）

松村高夫・解学詩・江田憲司編著『満鉄労働史の研究』（日本経済評論社、2002年）

西谷郁「1930年代の中国映画の底流：鄭正秋と蔡楚生の連続する創作方針掲載誌」『現代中国研究』10号（2002年3月p.50〜65）

越沢明『哈爾浜の都市計画：1898-1945』（総和社、1989年）

越沢明『満州国の首都計画』（日本経済評論社、1988年）

山田早苗「日本商船隊の懐古No.18」『船の科学』Vol.33（1980年）

井岡大輔『満洲歳時考：意匠資料』（村田書店、1978年）※同前『一簣：咀芳随録』（私家版、1939年）の復刻

哈爾浜旅史紀纂委員会編『秘録 満洲鉄路警護軍』（編集・発行責任者：吉野谷吉高、1977年）

大阪商船三井船舶株式会社編『大阪商船株式会社80年史』（編集兼発行者 大阪商船三井船舶株式会社 岡田俊雄 1966年）

満史会編『満洲開発四十年史』（謙光社、1964年）

藤本実也『満支印象記』（七丈書院、1943年）

『満洲風物帖』（慧文社、2007年）※満鉄鉄道総局旅客課編『満洲風物帖』（大阪屋号書店、1942年）の復刻。

新京特別市長官房編『国都新京』（満洲事情案内所、1940年）

南満洲鉄道株式会社北満経済調査所編『満洲鉱山労働概況調査報告』（南満洲鉄道株式会社、1940年）

満洲事情案内所編『満洲生活案内』（満洲事情案内所、1940年）

南満洲鉄道株式会社撫順炭礦編『炭礦読本 昭11年度』（南満洲鉄道株式会社撫順炭礦、1937年）

伊東忠太建築文献編纂会『伊東忠太建築文献（第3巻）』（竜吟社、1936-37年）

『植民地年鑑2：満洲年鑑2』（日本図書センター、1999年）※『昭和十一年 康徳三年満洲年鑑』（満洲日日新聞社、1935年）の復刻

『満洲国現勢 康徳2年版』（クレス出版、2000年）※満洲国通信社編『満洲国現勢 康徳2年版』（満洲国通信社、1935年）の復刻

南満洲鉄道株式会社総務部庶務課編『満洲概観 2595年版』（南満洲鉄道株式会社、1935年）

中目尚義編輯『満洲国読本』（日本評論社、1934年）

南満洲鉄道株式会社経済調査会編『支那住宅志』（南満洲鉄道株式会社、1932年）

久保得二『支那戯曲研究』（弘道館、1928年）

大熊喜邦『趣味の建築講話』（鈴木書店、1921年）

［中国語文献］

薛林平『中国伝統劇場建築』（中国建築工業出版社、2009年）

石方・劉爽・高凌『哈爾濱俄僑史』（黒龍江人民出版社、2003年）

于学斌編著『東北風情旧影 東北農村生活』（黒龍江美術出版社、2003年）

劉竟『瀋陽城往事』（遼寧大学出版社、2001年）

李述笑編『哈爾濱旧影：中英日文対照』（人民美術出版社、2000年）

哈爾濱市地方志編纂委員会編『哈爾濱市志2：大事記、人口』（黒龍江人民出版社、1999年）

哈爾濱市地方志編纂委員会編『哈爾濱市志25：広播・電視、報業』（黒龍江人民出版社、1994年）

李鳳民・陸海英編著『盛京昭陵』（瀋陽出版社、1994年）

趙広慶・曹徳全『撫順通史』（遼寧民族出版社、1995年）

2章

疋田康行編『「南方共栄圏」』（多賀出版、1995年）『台湾帝国大学第一回海南島学術調査報告』（台湾総督府外事課 1940年）

森清太郎『広東名勝史蹟』（丸善、1922年）

笠原十九司『海軍の日中戦争』（平凡社、2015年）

陳銘枢（井出季和太訳）『改訂海南島志：附海南島の現勢』（松山房、1941年）

³章 今和次郎『今和次郎集第2巻 民家論』——朝
鮮半島の民家調査（ドメス出版、1971年）

金英淑編著／中村克哉訳『韓国服飾文化事典』
（東方出版、2008年）

金英淑・孫敬子／共著『朝鮮王朝 韓国服飾
図録』（臨川書店、1984年）

鄭大聲／編訳『朝鮮の料理書』（平凡社〈東洋
文庫〉、1982年）

伊丹潤『朝鮮の建築と文化』（求龍堂 1983年）

吉田桂二『日本人の「住まい」はどこから来
たか』（鳳山社、1986年）

田代俊一郎『韓国の手仕事』（晩聲社 2003年）

監修・小牟田哲彦『旧日本領の鉄道 100年
の軌跡』（講談社、2011年）

『昭和二万日の全記録5 一億の「新体制」』
（講談社、1989年）

柳宗悦『民藝四十年』（岩波文庫、1984年）

H.P

宮島醤油株式会社「去華就実」と郷土の先覚
者たち 第13回 奥村五百子

ご協力いただいた方（敬称略 アイウエオ順）

青木雅浩（東京外国語大学准教授）
朝倉敏夫（国立民族学博物館・名誉教授）
川勝あゆ美（立命館大学大学院職員）
韓国国立民俗博物館
島 亨（言叢社）
辛㳙根（韓国温陽民俗博物館顧問・元館長）
竹ノ内悠（日本大学文理学部情報科学研究所研
究員）
土屋好古（日本大学文理学部教授）
溝井慧史（日本大学文理学部資料館学芸員）

地図提供（p9〜16）

日本大学文理学部図書館・同学部資料館（p9〜
14、p16）
個人蔵（p15）

吉田謙吉撮影写真・スケッチ画提供

吉田謙吉・資料編纂室

解説者略歴

松重充浩（まつしげ みつひろ）1章

1960年山口県生まれ。広島大学大学院文学研
究科東洋史学専攻博士課程後期単位取得退学。
外務省外交史料部、県立広島女子大学を経て、
日本大学文理学部教授。著書に、『「満洲」の成
立』（名古屋大学出版会・共著）、『20世紀満洲
歴史事典』（吉川弘文館・共編著）、『21世紀の
東アジアと歴史問題』（法律文化社・共著）など
がある。

小池聖一（こいけ せいいち）2章

1960年大阪府生まれ。中央大学大学院文学研
究科博士後期課程修了。博士（史学）。外務省外
交文書編纂担当官をへて、現在、広島大学人間
社会科学研究科教授。専門は、日本近現代史。
著書に『満洲事変と対中国政策』（吉川弘文館）、
『近代日本文書学研究序説』（現代史料出版）な
どがある。

白山眞理（しらやま まり）「吉田謙吉の写真」p153

1958年生まれ、千葉大学大学院融合科学研究
科博士後期課程単位取得退学（学術博士）。一般
財団法人日本カメラ財団調査研究部長。日本カ
メラ博物館運営委員として「名取洋之助と日本
工房作品展」「吉田謙吉写真展 満洲・1934
年」などの展覧会を担当。近著に『〈報道写真〉と
戦争』（吉川弘文館）がある。

塩澤珠江（しおざわ たまえ）3章、吉田謙吉略年譜

東京生まれ。吉田謙吉長女。日大芸術学部演劇
学科卒業後、パントマイムを経て、飯沢匡監修
『人形写真絵本』の製作に従事。2012年『父・
吉田謙吉と昭和モダン』出版後、「吉田謙吉・資
料編纂室」設立。収集、保存、提供を行ってい
る。30年来、蓮にまつわる文化を追い、アジ
アの蓮文化を調査中。ギャラリー＜季の風＞「蓮
楽探求会」主宰。

制作スタッフ

企画	塩澤珠江 木谷東男
密着写真スキャニング	田村 実 中央精版印刷株式会社
校正	円水社
本文レイアウト	南山桃子
編集協力	赤岩州五

著者略歴────
塩澤珠江 しおざわ・たまえ

1942年、東京生まれ。日大芸術学部卒。吉田謙吉の長女。
「吉田謙吉・資料編纂室」室長。著書に『父、吉田謙吉と東
京モダン』（草思社）。

監修者・解説者略歴────
松重充浩 まつしげ・みつひろ

1960年、山口県生まれ。早稲田大学卒。日大文理学部史
学科教授。東洋史専攻。共編著に『二〇世紀満洲歴史事典』。

吉田謙吉が撮った
戦前の東アジア
──1934年満洲／1939年南支・朝鮮南部
2020©Tamae Shiozawa

2020年8月31日　　　　　　第1刷発行

著　者	塩澤珠江	
監修者	松重充浩	
装幀者	間村俊一	
本文デザイン	南山桃子	
発行者	藤田博	
発行所	株式会社 草思社	

〒160-0022　東京都新宿区新宿1-10-1
電話　営業 03（4580）7676　編集 03（4580）7680

印刷所　**中央精版印刷**株式会社
製本所　**大口製本印刷**株式会社

ISBN978-4-7942-2467-5　Printed in Japan　検印省略

http://www.soshisha.com/

父・吉田謙吉と昭和モダン

塩澤珠江 著

《築地小劇場から愉快な家まで》時代の先端を行く異端児の人生と舞台美術やポスターなどの作品をカラー図版や写真で紹介。長女の著者が多彩なエピソードで綴る。

本体 **2,800** 円

銀座　歴史散歩地図

赤岩州五 著
原田弘 井口悦男 監修

《明治・大正・昭和》古い商店街地図、住宅地図などで実際の居住者名や店舗名を見ることで銀座の変遷をたどる地図の本。荷風や小津などの行きつけの店はどこか。

本体 **2,600** 円

新宿・渋谷・原宿盛り場の歴史散歩地図

赤岩州五 著

ダイナミックに変わる東京の代表的街、新宿・渋谷。地形や道筋、鉄道、盛り場はどう変わってきたか。詳細地図をもとに街の変遷をたどる。戦前・戦後東京の裏面史。

本体 **2,000** 円

文庫

孤独な帝国 日本の一九二〇年代

ポール・クローデル 著
奈良道子 訳

《ポール・クローデル外交書簡一九二一─二七》仏詩人大使が、第一次大戦の戦勝国として、さらなる近代化へ邁進する一方で孤立を深める日本の諸相を活写。第一級資料。

本体 **1,500** 円

＊定価は本体価格に消費税10%を加えた金額です。